教育厅社会科学研究一般项目"城乡二元结构基础教育公平问题研究"（项目编号：21Y025）、湖北省教育科学规划2021年度一般课题"新时代城乡二元结构基础教育公平问题研究"（课题编号：2021GB013）资助出版

李淼　著

教育公平视域下城乡教育一体化研究

武汉大学出版社

图书在版编目(CIP)数据

教育公平视域下城乡教育一体化研究/李淼著.—武汉：武汉大学出版社,2022.12

ISBN 978-7-307-23249-5

Ⅰ.教… Ⅱ.李… Ⅲ.地方教育—城乡一体化—研究—中国 Ⅳ.G527

中国版本图书馆 CIP 数据核字(2022)第 141888 号

责任编辑:聂勇军 责任校对:汪欣怡 版式设计:马 佳

出版发行：**武汉大学出版社** （430072 武昌 珞珈山）
（电子邮箱：cbs22@ whu.edu.cn 网址：www.wdp. com.cn）
印刷:武汉中科兴业印务有限公司
开本:720×1000 1/16 印张:9.25 字数:136 千字 插页:2
版次:2022 年 12 月第 1 版 2022 年 12 月第 1 次印刷
ISBN 978-7-307-23249-5 定价:32.00 元

前　　言

　　马克思主义理论创新不同于一般知识创新，其认识世界的目的就在于改变世界，服务于广大人民的解放事业。党和人民的集体智慧，是其理论不竭的源泉。马克思主义在我国的每一次重大发展，都是马克思主义普遍原理在同中国社会的具体历史和现实深度结合的过程中产生的。在我国大力提倡构建社会主义和谐社会的背景下，教育公平与教育均衡发展问题已经成为构建社会主义和谐社会的最为核心、最为迫切的问题。因此，研究城乡教育公平理念的发展历程，以及如何彰显教育公平的价值和消弭教育不公平带来的危害，就显得极其重要。本书首先从马克思和恩格斯关于教育公平的论述、我国教育公平理念思想来源的四个方面等探讨了教育公平思想的源头，接着从中国共产党领导下我国教育公平理念的历史演进、我国教育公平理念的主旨和当今教育公平理念的时代特点三个方面探讨了我国教育公平理念的发展历程，最后通过对城乡二元结构下我国教育不公深层次原因探析，探讨了目前实现城乡教育公平的一些可行性措施。

目　录

第一章　导论 ……………………………………………………… 1

一、研究现状概述 ……………………………………………… 1

二、研究意义 …………………………………………………… 2

第二章　教育公平思想的源头

　　　　——马克思主义教育公平理论 ……………………… 4

一、马克思主义社会公平理论是当今社会公平理念的起源 ………… 4

二、马克思主义教育思想是教育公平理念的思想基础 …………… 7

三、马克思、恩格斯关于教育公平的相关理论 ………………… 12

四、我国教育公平理念的思想来源 …………………………… 15

第三章　中国共产党领导下我国教育公平理念的历史演进、主旨和

　　　　时代特点 ……………………………………………… 28

一、中国共产党领导下我国教育公平理念的历史演进 ………… 28

二、中国共产党领导下我国教育公平理念的主旨 ……………… 65

三、当今教育公平理念的时代特点 …………………………… 85

第四章　城乡二元结构下的我国教育不公深层次原因探讨 ……… 97

一、城乡教育不公的根源：城乡二元结构下的教育体制性障碍 …… 97

二、城乡教育不公的衍生：城乡二元结构下的教育政策性弊端 …… 100

三、城乡教育不公的扩大：城乡二元结构下社会分层和教育
　　公平的相互影响 ……………………………………………… 105

四、实证研究：由农村义务教育可及性的相关社会问题看城乡
　　二元结构下的教育弊端 ……………………………………… 109

第五章　城乡教育一体化及教育体系革新路径探索
　　——我国城乡教育公平的全新开拓 …………………… 118

一、“城乡教育一体化”理念的产生背景和内涵解读 …………… 118

二、城乡教育公平：体制性障碍及其改革路径探索 …………… 122

三、城乡教育公平：政策性弊端及其革新路径探索 …………… 129

四、城乡教育公平：城乡文化融合路径 ………………………… 139

参考文献 ……………………………………………………………… 141

第一章 导 论

一、研究现状概述

教育公平研究在西方开始较早，我国学者关于教育公平的研究始于 20世纪 90 年代，其学术研究主要从政治哲学、社会学、伦理学几个视角进行。对我国城乡教育公平的研究，学界主要存在以下几个重要观点：以张乐天为代表的学者们认为，中国社会长期存在的城乡分割对立的二元经济结构和社会体制是使城乡教育产生严重差别的主因。以孙文学为代表的学者们认为，教育经费短缺、城乡教育水平差距继续扩大、学生辍学率高、农村师资流失严重是农村基础教育目前存在的主要问题。一些学者创新了研究方法，如以郭剑雄为代表的学者借鉴内生增长理论，运用实证分析的方法，将人力资本、生育率以及二者的互动影响作为观察和分析中国城乡教育差距的基本变量。以包宁为代表的学者们利用经济学的需求与供给原理，分析了城乡普通中小学入学率差异的原因。总的来说，学界对我国城乡教育公平研究尚处于初始阶段，没有形成系统化的理论体系。就主题来说，主要是围绕城乡教育公平的内涵、意义、现状、问题和对策展开，多是对策式研究。这些研究具有以下特点：

一是就研究的视角来说，共时性研究较多，历时性研究较少。目前对我国城乡教育公平的研究多是采用某一年或近几年的数据进行研究，对我国城乡教育公平性进行长时段历史考察的研究很少。二是单一从某个角度研究如制度因素，全面、系统的研究较少。同时，研究者采取的数据多限于财政支出等单项指标。三是就城乡教育公平的影响因素来说，已有的研究或是单纯站在经济学角度研究，从公共财政视角分析政府财政收支能力、转移支付能力对我国城乡教育公平的影响；或单纯站在社会学及政治学角度分析我国教育制度、政府行政体制及公共服务体制对我国城乡教育公平的影响，把经济学理论和我国政治、经济、社会背景相结合的研究较少。

二、研究意义

1. 我国城乡二元结构下基础教育不公平研究的紧迫性

在改革攻坚与发展关口，发展战略机遇与矛盾始终并存。随着经济迅速增长，机会与结果的不平等已经在整个社会蔓延开来，发展理念严重拷问着社会的公平秩序。城乡二元经济结构是发展中国家工业化过程中必然出现的经济现象，中国的二元结构不仅表现为现代工业与传统农业之间的二元经济结构，还表现为城市社会与农村社会长期分割的二元社会结构。由于历史形成的特殊原因，我们无法从其他国家的工业化进程中得到相关经验。在我国城乡二元结构下，城乡差距已成为一个严酷的现实，城乡二元结构下的基础教育不公给受教育者个人、社会和教育本身的发展都带来了巨大的危害。受教育个人方面，个体在基础教育阶段遭受不公平待遇，实质上意味着社会为其发展所提供的外界条件在起点上的不一致，导致了个体发展机会的丧失。对社会的危害方面，城乡教育不公潜藏着巨大的社会危机，是造成社会不安定的重要因素。

2. 城乡二元结构下的教育公平研究是构建和谐社会理论不可缺少的一部分，是当代马克思主义中国化的探索

马克思主义在我国的每一次重大发展，都是马克思主义普遍原理在同

中国社会的具体历史和现实深度结合的过程中产生的。以解决中国当代社会发展问题为目的的和谐社会理论，把马克思主义的中国化带入了一个新的境界。而同时，它又是在应对改革开放阶段性任务中应运而生的，是应对新时期阶段性任务的战略选择。包括教育公平在内的公平正义是和谐社会内在的、基本的内容和核心价值理念。教育公平理念与构建和谐社会之间是一种相互作用、相互影响的关系。教育公平是达到和谐社会的一座桥梁，和谐社会的建成也是教育公平的终极目标。

3. 城乡二元结构教育公平问题研究对当前体制改革的重要意义

没有教育分配机会的公平性，就不可能实现教育的公共性，因此教育公平是当代中国政府基础性伦理诉求，又由于教育是政府的公共服务产品，完全受政府的管理和调节，因此当前政府主体在教育政策实施中所起的作用是影响教育公平的主要因素。城乡教育公平问题集中体现了政府在政治体制改革中的核心矛盾，是我国政治体制改革所要解决的核心问题之一。

4. 将城乡二元结构和教育公平结合起来研究是对学界单纯研究教育公平问题的有益补充

教育公平是社会公平价值理论在教育领域的延伸和体现，学界更多地从政治学、教育学角度去分析研究教育公平，本书尝试将作为经济学概念的城乡二元结构和教育公平具体理念相结合予以研究，综合运用了经济学、政治学、社会学、教育学等一系列理论及研究方法，在研究思路上构建了以制度、政策、社会共三个层面分析问题的综合系统，试图为单纯研究教育公平问题提供一些有益补充。同时，本书还把它放置在构建和谐社会这个更大的理论平台上研究，突出了研究的意义、重要性以及紧迫感。

第二章　教育公平思想的源头

——马克思主义教育公平理论

一、马克思主义社会公平理论是当今社会公平理念的起源

自 1848 年马克思、恩格斯在《共产党宣言》中宣布共产主义的幽灵在欧洲大地上徘徊以来，公平正义就一直作为社会主义的核心价值观贯穿并指导着国际共产主义运动。马克思主义社会公平理论的建立，是马克思、恩格斯在总结前人思想成果的基础上，特别是通过对空想社会主义者公平分配理论批判和继承的基础上，逐步创立和发展起来的。空想社会主义者认为，公平的社会分配形式是社会成员在生产资料公有制的基础上进行共同劳动，社会对劳动产品实行公共管理，而个人或家庭则根据各自的需要从社会领取所需的产品。马克思、恩格斯在深刻批判了资本主义社会的不公平现象，深刻分析资本主义社会不公所产生的社会历史根源，深刻揭露资产阶级唯心主义公平理论的非科学性基础上，论述了未来社会公平实现的历史条件，形成了自己的社会公平观。具体而言，马克思、恩格斯的社会公平理论主要有以下几方面内容：

第一，马克思、恩格斯认为，公平是一个历史的、社会的、阶级的范畴，不同的社会、不同的阶级对公平有不同的理解。不存在任何超越特定

历史条件、超越阶级的抽象的"永恒公平"。马克思在批评蒲鲁东的公平观时指出："蒲鲁东先从与商品生产相适应的法的关系中提取他的公平的理想，永恒公平的理想。"①恩格斯在《论住宅问题》一文中也指出：蒲鲁东主义认为正义是一切事物的原则和标准，赋予正义一种永恒的、绝对的地位，看不到公平、正义等观念、范畴不能脱离产生它们的现实条件。蒲鲁东主义在公正问题上的缺陷在于："要求现代社会不是依照它本身经济发展的规律，而是依照公平的规定来改造自己。"②马克思、恩格斯从两个层次的社会形态论述了公平分配的历史性。第一层次，要历史地看待资本主义分配过程中等价交换原则。马克思认为，权利绝不能超出社会的经济结构以及由经济结构制约的社会的文化的发展。另外，由于等量劳动互换的公平分配体现资产阶级的意识，因此社会主义按劳分配制度要以等量劳动交换的形式表现出来，明显带有资本主义公平分配观的烙印。第二层次，共产主义公平分配观是对社会主义分配思想的历史性的批判继承。他们认为，在共产主义社会里，公平分配将从根本上摆脱资产阶级权利的狭隘界限，达到按需分配的公平。

第二，马克思、恩格斯认为，社会公平思想要以现实的人为出发点。在马克思看来，个人"不是处在某种虚幻的离群索居和固定不变状态中的人，而是处在现实的、可以通过经验观察到的、在一定条件下进行的发展过程中的人"。③人是社会生产力中最重要的、活跃的、起决定性作用的因素，是一切社会活动和一切社会关系的承担者、表现者和实现者，人的主体性和创造能力能否得到实现和发展，直接影响社会公平的实现。

第三，马克思、恩格斯认为，公平的性质和内容是由一定社会的物质生活条件即经济基础决定的。社会存在决定社会意识，经济基础决定上层建筑。道德和法是上层建筑的重要组成部分，其性质和内容必然而且只能由经济基础来决定。公平作为道德和法的观念，决定它的东西只能是现存

① 马克思恩格斯选集：第 3 卷[M]. 北京：人民出版社，2012：196.
② 列宁全集：第 55 卷[M]. 北京：人民出版社，2017：360.
③ 马克思恩格斯选集：第 1 卷[M]. 北京：人民出版社，1995：73.

的经济关系。因此，恩格斯指出，公平"始终只是现存经济关系的或者反映其保守方面、或者反映其革命方面的观念化的神圣化的表现"。①

第四，马克思、恩格斯认为，大力发展生产力是实现社会主义公平的基本前提。生产力是推动社会发展的决定性力量，一种社会制度的存亡最终取决于生产力的发展状况，生产力的发展状况决定着社会公平的实现是否可能。马克思通过阐述人类在追求自由和自身全面发展的历史过程中表现出的三大历史形态：与自然经济相适应的"人的依赖关系"、与市场经济相适应的"以物的依赖性为基础的人的独立性"和"建立在个人全面发展和他们共同的社会生产能力成为他们的社会财富这一基础上的自由个性"，②提出了自己的设想，即真正公平的分配方式只能是共产主义社会的"各尽所能，按需分配"的方式。但这一分配方式的实现必须以社会物质财富的极大丰富为前提。因此解决社会公平问题，关键还是靠发展。

第五，马克思、恩格斯认为，以实现"公平"为由阻碍经济发展的做法是完全错误的，要实现公平首先是实现社会制度的公平。恩格斯在抨击蒲鲁东时指出，蒲鲁东只要永恒公平，希望把全部现代工业、蒸汽机、纺纱机以及其他一切坏东西统统抛弃，而返回到旧日的规规矩矩的手工劳动。哪怕这样做我们会丧失千分之九百九十九的生产力，整个人类注定会陷入极可怕的劳动奴隶状态，那也没什么了不起，只要使每个人都能得到"十足的劳动所得"并且能实现"永恒公平"就行了。"但有公平常在，哪怕世界毁灭！如果蒲鲁东的这种反革命的东西确实能付诸实现，世界是要毁灭的。"③马克思、恩格斯指出，只有通过无产阶级革命消灭剥削阶级、推翻资本主义制度、建立社会主义制度才能实现社会公平。

第六，马克思、恩格斯认为，权利永远不能超出社会的经济结构以及由经济结构制约的社会的文化发展，公平必然经历一个从相对不公平至相对公平的渐进的历史过程。刚刚从旧社会脱胎出来的新社会，必然从各个

---

① 马克思恩格斯选集：第 3 卷[M]. 北京：人民出版社，1995：212.
② 马克思恩格斯全集：第 46 卷[M]. 北京：人民出版社，1979：104.
③ 马克思恩格斯选集：第 3 卷[M]. 北京：人民出版社，1995：151.

方面打上旧社会的痕迹。公平中包含着不公平，这才是新社会渐进的历史发展中真正现实的公平。

二、马克思主义教育思想是教育公平理念的思想基础

马克思主义教育理念和学说体系，是马克思、恩格斯及后续马克思主义者在长期革命实践中逐步形成和发展起来的，是指导中国实践的重要武器，也是中国共产党教育公平思想形成的主要理论根据。

1. 马克思关于人的全面发展学说

马克思关于人的全面发展学说是马克思、恩格斯在经济学的研究中考察社会物质生产与人的发展关系时提出的，其基本思想是：人的发展和社会生产发展是相一致的；实现人的全面发展根本途径是教育同生产劳动相结合。

马克思、恩格斯认为，旧式劳动分工造成人的单一发展，"工场手工业把工人变成畸形物，它压抑工人的多种多样的生产志趣和生产才能，人为地培植工人片面的技巧"。① 大工业机器生产要求人的全面发展，并为人的全面发展提供了物质基础，"大工业的本性决定了劳动的变换、职能的更动和工人的全面流动性"。② "大工业还使下面这一点成为生死攸关的问题：用适应于不断变动的劳动需求而可以随意支配的人，来代替那些适应于资本的不断变动的剥削需要而处于后备状态的、可供支配的、大量的贫穷工人人口；用那种把不同社会职能当做互相交替的活动方式的全面发展的个人，来代替只是承担一种社会局部职能的局部个人。"③

马克思、恩格斯在谈到机器大工业为人的全面发展创造了可能性时，

---

① 马克思恩格斯全集：第 23 卷[M]. 北京：人民出版社，1972：399.
② 马克思恩格斯选集：第 2 卷[M]. 北京：人民出版社，2012：231.
③ 马克思恩格斯选集：第 3 卷[M]. 北京：人民出版社，2012：682-683.

要求资产阶级的学校教育为工人子女提供较为全面的教育，并指出，实现人的全面发展的根本途径是教育同生产劳动相结合。"未来教育对所有已满一定年龄的儿童来说，就是生产劳动同智育和体育相结合，它不仅是提高社会生产的一种方法，而且是造就全面发展的人的唯一方法。"①马克思针对资本主义社会资本家为榨取更多剩余价值，强迫儿童和少年在工厂从事长时间的体力劳动，使其身心遭受严重摧残，建议用法律限制每日的劳动时间，使吃饭或休息的间歇时间增加，并严格禁止 9～17 岁的人在夜间和一切有害的生产部门劳动。他号召工人通过斗争，把初等教育宣布为劳动的强制性条件，"在按照不同的年龄阶段严格调节劳动时间并采取其他保护儿童的预防措施的条件下，生产劳动和教育的早期结合是改造现代社会的最强有力的手段之一"。② 马克思认为，实现脑力劳动和体力劳动的结合和统一，必须建立在生产劳动者智力、体力充分和广泛发展的基础上。马克思认为，生产劳动可使人"身上的自然力——臂和腿、头和手运动起来"，"使自身的自然中沉睡着的潜力发挥出来"。③ 可见，生产劳动对人的全面发展起着决定作用。恩格斯指出，生产劳动是"人的思维的最本质的和最切近的基础"，④ "人的智力是按照人如何学会改变自然界而发展的"。⑤ 可见，生产劳动既是获得所有物质财富的源泉，又是人的智力、体力、个性、世界观等全面发展的基础，所以，人的全面发展的唯一方法就是教育同生产劳动相结合。

马克思认为人的全面发展是人的全面、自由、和谐的发展。首先是人的劳动能力的全面、自由、和谐发展。马克思认为："我们把劳动力或劳动能力，理解为人的身体即活的人体中存在的、每当人生产某种使用价值时就运用的体力和智力的总和。"⑥因此，全面发展的人必须克服由于旧的

---

① 马克思恩格斯选集：第 2 卷 [M]. 北京：人民出版社，2012：230.
② 马克思恩格斯全集：第 25 卷 [M]. 北京：人民出版社，2001：32.
③ 马克思恩格斯全集：第 23 卷 [M]. 北京：人民出版社，1972：202.
④ 马克思恩格斯选集：第 3 卷 [M]. 北京：人民出版社，2012：922.
⑤ 马克思恩格斯全集：第 20 卷 [M]. 北京：人民出版社，1971：574.
⑥ 马克思恩格斯全集：第 21 卷 [M]. 北京：人民出版社，2003：434.

社会分工造成的智力和体力的分离，避免某种智力上和身体上的畸形化，摆脱那种极度地损害了神经系统，同时又压抑肌肉的多方面运动，侵吞身体和精神上一切自由活动的劳动状况。所以，"片面发展"首先是劳动过程中体力和智力的分离和对立，而"全面发展"则是指在劳动过程中体力和智力的充分运用和发展，实现体力和智力在充分发展基础上的完整结合。全面发展是个人生产力的全面、普遍的发展，是各方面都很有能力的人，即通晓整个生产系统的人的发展。

其次是指人的才能的全面发展，正如马克思、恩格斯所说的"每一个人都无可争辩地有权全面发展自己的才能"，① "任何人的职责、使命、任务就是全面地发展自己的一切能力"。②

最后是人的个性的全面发展。马克思指出，个性的充分发展就是一切天赋得到充分发展。要充分发展人的潜力，充分满足人的需要，并使其不断由低层向高层发展，使个人的心理日趋健康、成熟和稳定，使个人的观念、道德和精神得以升华。

人的全面发展是整个人类全面发展的总趋势和总目标，也是教育活动的总目标。在社会生产发展允许的条件下，教育是实现人的全面发展最重要的途径之一。学校教育培养不仅是贡献于每一个教育对象个体，也是对整个人类全面发展历史进程的巨大推动。

2. 马克思关于人的受教育权的论述

马克思关于争取受教育权和普及教育的论述包括：

第一，马克思把争取受教育权的斗争看做争取劳动人民解放的一个重要部分。

马克思高度重视人民群众享受受教育权的问题。他认为，受教育权与无产阶级历史命运有着密切的联系。无产阶级的受教育权实现是在历史发

---

① 马克思恩格斯全集：第2卷[M]. 北京：人民出版社，1957：614.
② 马克思恩格斯全集：第3卷[M]. 北京：人民出版社，1960：330.

展中产生的，是无产阶级认识世界、改造世界的必经途径，也是无产阶级解放自身的有力途径。在马克思看来，教育是推动无产阶级发展壮大的重要因素。教育在无产阶级形成的三大作用中，占有两大作用。

在资产阶级反对自己敌人的斗争中，在需要无产阶级支持的斗争中，"资产阶级自己就把自己的教育因素即反对自身的武器给予了无产阶级"。①

工业的进步把统治阶级的整批成员交给无产阶级队伍里去，"他们也给无产阶级带来了大量的教育因素"。②

在无产阶级发展壮大过程中，教育发挥了重大的作用。马克思十分重视教育对现实的无产阶级的形成和发展的作用，认为无产阶级在斗争中教育了自己，通过教育使自己赢得革命斗争，使自己成为掌握历史命运的主人。因此马克思积极支持通过法律保障人民群众的受教育权，并认为只有人民群众提高自己的文化素质和阶级觉悟，才能改变社会条件，建立起社会主义、共产主义。因此，承认现实社会中的受教育权并且获得和发展它，为无产阶级革命事业服务，是马克思对待受教育权的根本态度。"马克思十分重视工人阶级的教育权问题，他把争取受教育权的斗争看作是争取解放的总斗争一个重要部分，他所领导的国际工人协会始终把普及教育当作自己的重要任务，要求受教育权同政治、经济、劳动权利一起写入社会主义的斗争纲领。"③

第二，从大工业生产发展的客观需要出发，马克思提出了普及教育是物质生产发展的必然要求。

随着科学技术和生产的结合，尤其是现代社会的生产过程实际上已成为科学技术的应用过程，物质生产过程要求劳动者具有一定的科学文化技术和大批科技专门人才。"大工业把巨大的自然力和自然科学并入

---

① 马克思恩格斯文集：第 2 卷[M].北京：人民出版社，2009：41.
② 马克思恩格斯选集[M].北京：人民出版社，2012：410.
③ 劳伦声.教育法学[M].南京：江苏教育出版社，1993：98.

生产过程，必然大大提高劳动生产率。"①"工业中的大多数工作都需要一定的技能和常规性，而要达到这一点就要求工人具有一定的文化水平。"②而这样的劳动者和专门人才必须靠教育和训练来完成，于是教育开始由古代的单一培养统治人才目标演变成多重培养目标，即教育不仅把培养政治统治人才作为目的，还必须把培养经济建设的科技人才作为重要目标，这是物质生产过程的发展需要在教育培养目标和教育普及进程上的具体反映。

马克思、恩格斯在分析 19 世纪资本主义教育状况时就发现了这一趋势，并指出："要改变一般的人的本性，使它获得一定劳动部门的技能和技巧，成为发达的和专门的劳动力，就要有一定的教育或训练。"③"几乎包括工业中的一切工作在内，都需要有相当的文化程度。"④而要提高群众的文化程度，马克思认为，一方面要普及教育，以杜绝新的文盲产生；另一方面要采用各种形式的教育，来扫除现有文盲。

第三，实施公共、免费的义务教育是无产阶级斗争的目标之一。

马克思、恩格斯曾把实施公共、免费的义务教育，看做无产阶级斗争的目标，强调在夺取政权后就应真正实现这一目标。《共产党宣言》明确指出，在未来的社会主义社会要实现普及义务教育，对一切儿童实行免费的、公费的义务教育。恩格斯在《共产主义信条草案》里也指出，只有在机器和其他发明有可能向全体社会成员展示出获得全面教育和幸福生活的前景时，共产主义才出现。他主张在向共产主义目标过渡时应使所有儿童，从能离开母亲照顾时候起，都在国家设立的机构中接受教育和学习。

列宁同样重视提高人民群众的科学文化水平，强调教育的普及。他指出，不识字的人不能实现电气化，而且仅仅识字还不够好，只懂得什么是电气化还不够，还应该懂得怎样在技术上把电应用到工农业中去，应用到

---

① 马克思恩格斯全集：第 23 卷[M]. 北京：人民出版社，1972：424.
② 马克思恩格斯全集：第 2 卷[M]. 北京：人民出版社，1957：363.
③ 马克思恩格斯全集：第 23 卷[M]. 北京：人民出版社，1972：195.
④ 马克思恩格斯全集：第 2 卷[M]. 北京：人民出版社，1957：361.

工农业各个部门中去。每个青年必须懂得，只有受了现代教育，他们才能建立共产主义社会。如果不受这样的教育，共产主义仍然不过是一种愿望而已；在教育极不普及的国家中建设共产社会是不可能的事。

斯大林也强调了普及义务教育的必要性，他指出：共产党员想要消灭人民的无知……那就应在那实行普遍义务教育；识字人愈多和文化水平愈高的国家、共和国和地区，党的机关或苏维埃机关就愈接近人民……要想使自己国家成为先进国家，即想使自己的国家制度发达，就必须提高居民的识字能力，提高本国的文化水平。

马克思从人与社会发展的关系出发，论述了人的全面发展是社会发展的必然趋势，教育和生产劳动相结合是人的全面发展的重要条件，现代社会的发展需要人的全面发展，个人要想适应社会的发展，必须使自己能够适应不同劳动需求并且在交替变换的职能中……使自己先天和后天的各种能力得到自由的发展。而要使个人各种能力得到充分、自由、全面发展，必须克服由旧的社会分工造成的智力和体力的分离，每一个个体必须接受教育，使教育和生产劳动相结合，从而使得体力和脑力结合……马克思主义关于争取工人阶级受教育权及普及义务教育理论成为中国共产党教育公平思想的理论源泉之一。

三、马克思、恩格斯关于教育公平的相关理论

马克思、恩格斯在创立历史唯物主义的过程中，逐渐形成了教育劳动观念、劳动价值学说和教育公平观等思想。这些关于教育公平的重要思想，为我们研究教育公平问题奠定了世界观和方法论基础。

马克思认为，教育是一种劳务性或服务性的劳动，这种性质的劳动可以为社会提供特殊的使用价值，是具有一定的生产性的。"有一些服务是训练、保持劳动能力，使劳动能力改变形态等等的，总之，是使劳动能力具有专门性，或者仅仅使劳动能力保持下去的，例如学校教师的服务（只要他是'产业上必要的'或有用的）、医生的服务（只要他能保护健康，保持

一切价值的源泉即劳动能力本身)——购买这些服务，也就是购买提供'可以出卖的商品等等'，即提供劳动能力本身来代替自己的服务，这些服务应加入劳动能力的生产费用或再生产费用。"①这种劳动和其他劳动一样有间接性，把脑力劳动和体力劳动结合在一起，直到它们分离开来处于敌对的对立状态。产品从个体生产者的直接产品转化为社会产品，转化为总体工人即结合劳动人员的共同产品。总体工人的各个成员较直接或者间接地作用于劳动对象。但是，教育劳动对物质生产过程中劳动者的劳动能力的生产和科学知识生产力的发展，具有直接生产性质。因此，教育劳动的生产性，主要反映在教育能直接生产劳动者的劳动能力和直接生产科学技术的社会生产力上。

他特别指出，劳动者的教育或训练费用是劳动力价值的组成部分。由教育所形成的工人的知识和技术、科学水平及其在工艺上的应用是提高劳动生产率的重要因素。"要改变一般的人的本性，使它获得一定劳动部门的技能和技巧，成为发达的和专门的劳动力，就要有一定的教育或训练，而这就得花费或多或少的商品等价物。劳动力的教育费随着劳动力性质的复杂程度而不同。"②

马克思在自己的著作中深刻揭示了资本主义教育的阶级不公平的性质。他指出，资本家为了追逐利润，把工人的教育水平降到最低程度，规定为只限于生产所必需的，力图最大限度地减少工人的教育费用。但资本家及其子女却能进入高等学府，享受最好的教育。他根据工厂检验员提供的材料指出，在学校里，通常都缩短了法律规定的教育期限。学校被安置在破烂不堪的小房子里，最重要的一个现象是学校教师不识字或很少识字，因此他们能够教给学生的东西是很少的。

他同时还指出，在资本主义社会，教师是无权无地位的。在资本主义条件下，资本家可以直接剥削学校教师和科研机构中的学者们(如果是私

---

① 马克思恩格斯全集：第 26 卷[M]. 北京：人民出版社，1972：159.
② 马克思恩格斯全集：第 23 卷[M]. 北京：人民出版社，1972：195.

立学校或私立科学研究机构的话），或者是通过国立学校和国立科研机构进行剥削。官员们根据一些专门法律，可以随意地驱逐学校教师。马克思评价这个法律是"取缔学校教师法，使身为农民阶级的教育者、保护人、思想家和顾问的学校教师处于受地方行政官任意摆布的地位，把身为学者阶级中的无产者的学校教师象（像）追逐野兽一样从一个村庄赶到另一个村庄"。①

马克思、恩格斯认为，教育公平问题主要表现为"教育的平等性"问题，教育是每个公民都应该拥有的一项平等权利，这种平等表现为每个人智力和能力发展的平等，即"人的自由发展和全面发展"。产生教育不公平的根本原因在于生产资料私有制。资产阶级把沉重的劳动负担强加到无产阶级肩上，使无产阶级从事科学活动的时间越来越少，无产阶级只能得到一点职业教育，而资产阶级由于摆脱了沉重的劳动，就有越来越多的时间从事智力活动。改变这种不合理的现状，只有实行生产资料社会公有制。

马克思断言，在资本主义社会，一切阶级都享有平等的教育是不可能的。他讽刺了《哥达纲领》作者关于必须普及教育和实施免费教育的要求的局限性："前者甚至存在于德国，后者就国民小学来说存在于瑞士和美国"，"在关于学校的一段里，和国民小学一起至少还应当提出技术学校（理论的和实践的）"。② 他坚决捍卫了工人阶级的一项最重要的民主要求，即实行普及的和免费的国民教育。作为德国共产党成立的原则之一，马克思提出的条件包括："实行普通的免费的国民教育。"③

虽然马克思、恩格斯是在批判中阐释了其教育公平观，关于教育公平问题并没有进行专门、系统的论述，但是其思想对推进我国的教育公平实践仍然具有高度的理论指导意义。

---

① 马克思恩格斯全集：第7卷[M]. 北京：人民出版社，1959：99.
② 马克思恩格斯全集：第19卷[M]. 北京：人民出版社，1963：33.
③ 马克思恩格斯全集：第5卷[M]. 北京：人民出版社，1958：5.

四、我国教育公平理念的思想来源

1. 中国传统教育公平思想的理论渊源

周立升、颜炳罡在其著作《儒家文化与当代社会》中写到，每一种教育模式的背后都蕴涵着一种与本民族文化相对应的教育理念，其产生与发展有其历史的具体适用性，同时作为一种观念形态，也有其人类文明的共性和历史的普适性。在适当的历史条件下，传统的教育理念会以一种新的形态重新焕发生机，并在更大的范围内传播，促进社会文明的发展。早在2500年前，孔子就在他的教学中秉持朴素的教育公平思想。他所提出的"有教无类""因材施教""温故而知新""知之为知之，不知为不知""各言尔志""当仁不让于师"等许多教育思想，至今仍闪烁着时代的光芒。其教育公平思想的基本内容，主要体现在以下几个方面：

(1)"有教无类"的教育机会均等论

在孔子出生前，教育一直都由官府所办，能享有受教育权利和机会的只能是贵族和奴隶主的子女。平民无权接受教育，社会地位永远得不到提升，世世代代都要接受悲惨的命运。因此，孔子率先提出"有教无类"的主张。"有教无类"见于《论语·卫灵公》，全章仅此四字，是《论语》一书最短的两章之一，但这四字却是孔子教育思想体系的总纲。他认为，不受种族、出身等限制，人人都有接受教育的权利和机会。因此，他公开宣称："自行束修以上，君未尝无诲焉"（《论语·述而》），首创私学，提倡"有教无类"，冲破了"礼不下庶人"（《礼记·曲礼》）的等级制度，招收了大量的平民子女上学，如"居陋巷"的颜渊、"犁牛之子"的仲弓，使他们也可以获得接受教育的机会，为他们改变命运提供了条件。

孔子打破了历史上"学在官府"的局面，推动了"学移民间"，使更多的人可以接受教育，推动了整个社会公平机制的构建，开创了公平教育理念

15

的先河。他的思想对后世学者产生了重大而深远的影响，墨子、王守仁，乃至于近代的蔡元培、陶行知都在不同层次上践行了"有教无类"的思想，使之成为中国传统教育理念中一脉相传的理论瑰宝。

（2）"因材施教"的个性化教育

宋代"二程"和朱熹从孔子的教育实践出发概括出孔子的教学方法："夫子教人，各因其材。"指的就是孔子善于根据每个学生不同的情况，如资质、性格、能力、心理特点、兴趣、思维状况等进行有针对性的教育。孔子经常分析每个学生的不同特点，他认为"由也果"（认为子路果断），"赐也达"（子贡为人豁达大度），"求也艺"（冉求多才多艺），① "柴也愚"（高柴较笨），"参也鲁"（曾参较迟钝），"师也辟"（子张较偏激），② 由于孔子对施教的"材"有清楚的了解，就同一问题，他就对不同学生采取不同回答。樊迟、司马牛、仲弓和颜渊均曾向孔子问仁，孔子分别作了四种不同的解释。司马牛问仁，孔子说："克己复礼为仁。"仲弓问仁，孔子说："出门如见大宾，使民如承大祭。己所不欲，勿施于人，在邦无怨，在家无怨。"樊迟问仁，孔子说："爱人。"颜渊问仁，子曰："克己复礼，一日克己复礼，天下归仁焉……非礼勿听，非礼勿视，非礼勿言，非礼勿动。"③孔子之所以就同一个发问对不同的学生采取不同的回答，是因为考虑到不同学生的实际情况。农家子弟樊迟由于资质较鲁钝，孔子对他就只讲"仁"的最基本概念——爱人；贵族子弟司马牛因"多言而躁"，孔子就告诫他，做一个仁人要说话谨慎，不要急于表达；"犁牛之子"的仲弓因对人不够谦恭，不能体谅别人，孔子就教他平常出门要像去见贵宾一样庄重，役使百姓要像承担大祭典重任一般严肃，自己所不喜欢的，不要强加给别人，即要他学会能将心比心推己及人；颜回是孔子第一大弟子，已有很高的德行，所以孔子就用仁的最高标准来要求他——视、听、言、行，一举一动都要合乎礼的规范，不合礼的东西

---

① 论语·雍也[M].北京：中华书局，2006：15.
② 论语·先进[M].北京：中华书局，2006：18.
③ 论语·雍也[M].北京：中华书局，2006：16.

不看，不合礼的话不听，不合礼的话不说，不合礼的事不做。

孔子所实行的"因材施教"教育原则使教育公正和公平进一步深化，体现了一种接受教育过程的公平。他的"因材施教"思想为后世思想家所发展。墨子提出"学必量力"，注重在施教时考虑学生的"力之所能及"。韩愈把有才能的人比作千里马，指出饲养千里马不能用饲养普通马的方法。宋代的胡瑗更进一步创立了一种"主副分科的崭新的教学制度——分斋教学"，而"分斋教学"的思想理论基础正是"因材施教"。之后的张载、朱熹、魏源，乃至近代的康有为、梁启超等都从不同的角度阐释和实践了孔子的"因材施教"原则，强调了对学生的差等教育。

(3)"各言尔志"的教育民主平等观

孔子在教育中重视师生之间的对话，就是让学生们敞开心扉来与老师对话。如子路、颜渊各言己志后，子路曰："愿闻子之志。"子曰："老者安之，朋友信之，少者怀之。"①孔子与学生的对话，不仅是平等的，而且有朴素的民主色彩，如子贡曰："《诗》云：'如切如磋，如琢如磨'，其斯之谓与?"子曰："赐也! 始可与言《诗》已矣，告诸往而知来者"，从而实现"教学相长"和"学学半"的目的。② 子之武城，闻弦歌之声，夫子莞尔而笑，曰"割鸡焉用牛刀?"子游对曰："昔者偃也闻诸夫子曰：'君子学道则爱人，小人学道则易使也'"，子曰："二三子，偃之言是也，前言戏之耳'。"③孔子并不以子游"当仁不让于师"而难堪或怨恨，而是当即肯定了他的意见，承认了自己的错误。

由此可见，孔子的教学开创了师生关系平等又民主的先河。没有专制和高压的气息，教学氛围轻松和谐，可以更好地让学生在对话中得到精神的交流和知识的分享，无疑是一种教与学之间相互渗透、相互促进的良好教学模式。学生经过学习，教师经过教学实践，师生双方都认识到自己学

---

① 论语·公冶长[M]. 北京：中华书局，2006：21.
② 论语·学而[M]. 北京：中华书局，2006：22.
③ 论语·阳货[M]. 北京：中华书局，2006：23.

识的不足，这样更督促自己去努力学习，积极钻研，扩大知识面，提高能力和水平。这种教育思想同样为后世思想家树立了良好的榜样。韩愈提出的"弟子不必不如师，师不必贤于弟子"（《师说》），近代鲁迅的"师弟之道"、梁漱溟的"亲师取友"、陶行知的"相学相师"等思想都是由此继承而来的。

孔子的教学思想无疑表现出朴素的教育公平理念。"有教无类"表现出社会成员对教育资源实际享有的公平状态，即每个人受教育权利的平等和受教育机会的均等。"因材施教"在尊重学生个性专长的前提下，注重道德修养和各方面素质的培养。每个学生在最擅长的领域尽情展现自己的个性可以说是最大的教育公平。"各言尔志"的民主平等思想同样也是教育公平在教学方法上的具体表现。

明朝中期的王守仁提出了"学以去其昏蔽"思想，其目的是为了发掘本心所具有的"良知"，"良知"人人皆有，因此人人都具有受教育的天赋条件，"圣人能致良知，而愚夫愚妇不能致"，由于"在常人，不能无私意障碍"，总要受物欲的引诱，而教育可以消除物欲对"良知"的蒙蔽，所以人人都应接受教育。而明朝后期的李贽从其"人必有私"的自然人性论出发，倡导"致一之理"的平等观。他对妇女所处的卑贱地位深表同情，提倡男女教育平等。他指出：谓人有男女则可，谓见识有男女则不可；谓见识有长短则可，谓见识男长女短则错矣。清朝的魏源认为，每个人天资不同，但无论智、愚或中人、上智都能通过学习获得知识，因此都需要教育和学习。他反对生而知之的唯心主义先验论，认为，圣其果先知乎？安行乎？孔何以发愤而忘食，姬何以夜坐而待旦？他重视后天的教育和学习，要求通过《诗》《书》等经义教育民众，以启发愚昧，通过礼、乐以陶冶性情，革除顽劣。他曾写到，圣人在上，以《诗》《书》教民，以礼乐化民；圣人在下，以无体之礼、无声之乐化民。太平天国时期，为实现"有田同耕，有饭同吃，有衣同穿，有钱同使"的社会理想，《天朝田亩制度》对全体儿童实行普遍的、平等的教育，让其从小养成敢于战胜封建统治阶级和外国侵略势力的革命精神和爱憎分明的阶级情感。

2. 国外教育民主化运动对早期中国教育公平理念的影响

18 世纪，法国的启蒙思想家猛烈抨击封建社会的等级制度，提出人权、自由和平等的口号，洛克、卢梭、爱尔维修、狄德罗等是主要代表。

卢梭关于平等的思想主要出自《社会契约论》，他认为，自由的人们最初生活在自然状态，人们的行为受自然法支配。自然法以理性为基础，赋予人类一系列普遍的、永恒的自然权利，即生存、自由、平等、追求幸福、获得财产和人身、财产不受侵犯的权利。由于自然状态存在种种弊端，自由的人们以平等的资格订立契约，在自然状态下，人人出生都是平等的，只要社会使得个体具有真正才能，则杰出人物就会自然而然脱颖而出。爱尔维修和狄德罗则提出了智力平等说，他们认为，人的智力生来是平等的，一切正常发展的人，本质上都有相同的潜在智慧。狄德罗并且认为，人人都有受教育的权利，因而应该实施初等普及义务教育。一切青年都享有中等和高等教育的权利，每个人所接受教育的程度应由他的才能和他所选择的职业来决定。这些欧洲启蒙思想家们一再强调，社会和政治制度只是一种人类契约，而不是人类法令。在自然状态下，人人都是平等的；穷苦人们的痛苦是由于社会剥夺了他们的教育和政治机会，因此应由国家和政府为每个儿童提供初等教育的均等入学机会，而个体此后发展则完全依赖天赋和家庭，这样会建立更公平的社会。

18 世纪末，教育机会均等开始在一些西方国家转化为立法措施。托马斯·杰斐逊基于一切人生而平等为《独立宣言》所承认的思想，认为教育权利是自由社会里的自然权利之一，所有公民的孩子应有机会享受公共费用的教育。在其草拟的关于教育制度改革的法案中，集中体现了他提出的初级教育—高等教育—成人教育的比较完整教育体系，规定每个区用公共费用建立一所初等学校，所有儿童必须入学并减免学费。

到了 19 世纪末，教育机会均等、教育平等更成为国家教育政策中的主导思想。20 世纪中叶，教育民主化更是成为主流。如 20 世纪 50 年代至 60 年代，美国开展大规模补偿教育运动，对黑人及少数民族子女开展补偿教育。他们认为，国家要注意改善贫民区的普通学校，解决处境不利青年的教育和就业问题。他们认为，教育是实现美国社会"机会平等和地位平等这对孪生的理想的手段"。美国认为综合中学一个重要目的在于，在能力不同和职业兴趣不同的学生中发展相互尊敬和了解的感情，从而使得未来工厂经理和劳工领袖相互尊敬相互理解，公共教育需要培养坚实民主精神。日本随着政治经济改革的深入发展，全面改革旧制度呼声日益高涨，教育目的上，日本强调尊重学生个性，培养民主社会的民主市民；为了实现教育机会均等，日本将双轨学制改为单轨学制；采用9年免费义务教育制，普及中等教育，实施男女同校；在高等教育方面，让所有有才能男女享受高等教育权利；之后，颁布了《教育基本法》《学校教育法》，实行"义务教育""男女通校"，并作了"教育机会均等"规定。

受国外教育民主化影响，20世纪初，新文化运动兴起，中国教育权利平等和教育民主化运动也开始兴起。如康有为在他的《大同书》里，详细描述了理想的教育制度，他认为，小学、中学、大学，人人自幼而学，人人学至二十岁。"今中国不欲兴学而已，苟欲兴学，则必自以政府干涉之力强行小学制度始。"为普及义务教育，他主张，凡有千人以上的市镇和乡村，必须设小学一所，大乡大镇则划分为若干区，每区设小学一所，而小于一千人的乡村，设小学。辛亥革命前期，资产阶级开始了中国教育民主化运动的序幕，孙中山认为，同为社会之人，生于富贵之家，即能受教育，生于贫贱之家，即不能受教育，此不平等之甚也。他要求铲除这种腐朽的教育，建立新的教育制度，倡导教育平等。主张多设学校，使天下无不学之人，无不学之地。他认为要普及教育必须解决贫苦儿童无力上学问题，他在《社会主义之派别及方法》一书中写道："凡为社会之人，无论贫贱，皆可入公共学校，不特不取学膳等费，即衣、履、书籍，公家任其费用。尽其聪明才力，各分专科。即资质不能受高等教育者，亦按其性之所近，授以农、工、商、技艺，使有独立谋生之材。卒业之后，分送各处服务，以尽所能，庶几教育之惠，不偏为富人所独受，其贫困不能造就者，亦可以免其憾矣。"①革命家陈天华希望中国像欧美和日本一样"兴学堂，教育普及"，"兴女学，培植根本"。② 邹容提倡"凡为国人，男女一律平等，无上下贵贱之分"，"生命自由及一切利益之事，皆属天赋之权利"。③

新文化运动者在辛亥革命之后逐渐投入宣传科学、民主、平等、自由的新教育潮流，使得民主教育、普及教育、平民教育、教育机会均等观念逐渐深入人心。

陈独秀首先提出民主和科学两个口号，对传统教育和文化进行强烈批判，他抓住以人民为主义、以执政为公仆的民主论点，提出惟民主义的教育，反对旧学校的个人主义和关门主义。他认为所有教育文化机关都应该公开，使得社会人人都能享用。共和国民之教育，应发挥人权平等之精神。蔡元培认为，社会的不平等，劳心和劳力的对立，都是由教育不平等造成的，普及平民教育是改革这种不合理状况的重要办法。他认为教育不是专为儿童而设，凡年长之人无论是否受过教育都需要有受教育的机会。普及平民教育的目的在于使得平民不但能进小学中学，也可以进大学。他创办了"爱国女学"，在教育实践中实行男女同校。著名教育家陶行知毕生从事的工作就是如何使教育普及，使得没有机会受教育的人得到受教育的机会。他认为普及教育的目标应达到让一切穷苦人民得到民主教育的机会。他指出，旧民主，是少数资产阶级做主，为少数人服务。而新民主，是人民大众做主，为人民大众服务。他把民主教育的含义看成两层，第一层是民有、民治、民享的教育。"民有"的含义是指教育属于老百姓自己，"民治"的意义在于教育要因老百姓的需要而办，"民享"的含义在于教育要为老百姓的需要而办，而不是像统治者为了使得老百姓看懂布告和便于管理而让他们认得几个字。第二层即民主教育所要达到的目标，即要各尽所能，各学所需，各教所知。应该文化为公，教育为公，不分男女、老少、

---

① 王炳照，阎国华. 中国教育思想通史[M]. 长沙：湖南教育出版社，1994：22-23.

② 王炳照，阎国华. 中国教育思想通史[M]. 长沙：湖南教育出版社，1994：23.

③ 王炳照，阎国华. 中国教育思想通史[M]. 长沙：湖南教育出版社，1994：23.

贫富、阶级、信仰、城乡，不分民族，都应机会均等。要达到入学时求学机会均等，长进的机会均等，离校时复学的机会均等，失学时补习的机会均等，且老百姓也有管办教育的机会。他认为当时的中国教育很畸形，一方面有大量学士硕士，一方面又有一群无知的民众。他先后推行了平民教育、乡村教育和普及教育，创办了一系列的学校，摸索出多轨学制教学，即小学校或全日，或半日，或两小时，或一小时，依据各地情形不同设置，为后来的教育公平实践打下了良好的基础。晏阳初继承了这种思想，他认为平民教育不是慈悲为怀的贫民教育，不是为少数人专有的阶级教育，他是中国独创的教育体系，目的为培养国民元气，改进国民生活，巩固国家基础而为全民所共有的新教育。由于社会制度的不平等，使得很多人得不到受教育的机会。中国不是没有可用的人才，而是民众的脑矿未开，而平民教育就是开脑矿最简单最实用的工具，它为全国二万万以上的青年和成人文盲提供受教育的机会。在社会组织未经改良之前，惟有努力于教育机会的平等，使得人人所蕴藏的无限能力都得到发展的机会，这样人格不平等自然得以消除。他创办的中华平民教育促进会最初把重点放在城市平民身上，后来转为以农村为主的教育。中国 85% 以上人口在农村，他努力把平民教育和乡村建设结合起来。另外，梁漱溟、杨贤江等民间教育家也都致力于平民教育和乡村教育运动，为推进我国教育机会均等和民主化运动做出了重大贡献。

综上，近代以来中国先进知识分子受西方民主、科学、自由和平等等思想影响，力图对中国旧教育进行改造，用教育潜移默化力量补救国民的贫、愚、弱、私，宣扬"教育救国"，后来成为我国教育公平思想的重要组成部分之一。

3. 西方社会哲学理论流派相关教育公平思想对我国教育公平理念形成的影响

西方社会科学体系中，教育公平理论是社会哲学在教育领域的具体体现。

(1) 功能主义理论

19 世纪英国社会理论家斯宾塞提出了他的学说。他认为，生物体的各个系统发挥着不同的生存功能，它们的器官共同满足相同的生存需要。社会就像一个生物有机体，其组成的每一个"器官"都对社会的生存和维持发挥着正面的作用。社会和社会中的机构，如教育，是由相互依存的不同部分所构成的，它们对整个社会的运作都承担其必要的功能。教育系统如同心脏和大脑是人生存的必需器官一样是社会存在的必需品。在斯宾塞学说的基础上，功能主义理论产生了。

社会学的学科奠基人之一法国社会学家涂尔干认为，社会事实可以通过它们在社会中所满足的功能加以解释。教育系统不能从社会中割裂开来，因为它和社会中的其他系统彼此相互依存和促进。在涂尔干看来，教育的主要功能不是发展个人的能力和潜能，而是发展社会所需的能力。教育的一般功能是激发儿童具有一些他所隶属的社会团体认为的所有成员都应该具有的肉体或心灵状态，使个体社会化和人性化。因此，他坚持教育不能被某种利益集团掌握，必须由国家控制，尽管大多数政府都会受到利益集团的影响。这些理论使他成为功能主义最有影响的奠基人之一。

20 世纪 60 年代中期，美国社会理论家帕森斯对涂尔干及其他功能主义思想家的思想和研究进行综合，从功能主义的角度完整地表述出他关于教育与平等的思想。帕森斯认为，资本主义社会已经发生了一场教育革命，这场教育革命极大地扩大了教育机会的均等。但教育机会均等不可避免地带来教育成就上的差别，进而导致新的社会不平。教育通过将这种不公平合法化，来帮助消除社会分裂和冲突的紧张趋势，实现平衡和协调。学生在入学之初都受到公平对待，随后他们以分数为标准被逐渐区分为高成就者和低成就者，而在社会的每一个范畴内，他们又依据学术和社会成就被进一步加以区分。这种分化的过程实质上就是一种社会化的过程。教育平等在社会平等中的作用在于为现代社会提供一种文化认知层面的公共性，使得现代社会在日益分化和多元化的基础上同时伴随一种相应的整合过程和模式。因此，帕森斯极力主张通过扩大教育机会均等来促进社会平等。

一直到 20 世纪 60 年代末，功能主义理论都是社会学的主导性理论。近年来，由于受到冲突理论的冲击，功能主义理论受到了广泛的反思和批判。但是不可否认，它在当代教育领域仍然有着相当大的影响。

（2）冲突理论

1960 年代中后期，西方社会动乱多变，社会冲突现象普遍增长，社会不公平、种族斗争等社会问题被激化。这时的教育不仅没有促进社会的整合，反而成了严重的社会问题。在这种情况下，一些社会学家开始对功能主义理论的合法性产生怀疑，他们吸收了古典社会学家的相关思想，在批评和修正功能主义的基础上建立了新的社会学流派——冲突理论学派。冲突理论学派有两个分支学派，即探讨教育阶层化的新韦伯主义和侧重分析批判资本主义教育制度的新马克思主义。

新韦伯主义的奠基人马克斯·韦伯提出了"身份集团"的概念，他认为学校的主要活动是传授特定的"身份文化"，并且指出学校教育是由社会支配集团的利益决定的。他认为权力可以划分为三个领域：经济、社会和政治，在这三个领域占据的优势地位或统治地位的阶级和群体通过对知识、文凭和学历的控制强调了教育在控制知识、维持身份和阶级地位中的作用，从而竭力排除和阻碍其他阶级和群体进入他们的领域。即教育不只是与生产关系有关，而且通过文凭维护了阶级关系。

德尔·柯林斯发展了马克斯·韦伯的思想，把社会不平等作为导致社会冲突的根本原因之一。他认为，在社会结构中，人们由于经济、权力和声望的差异而具有不平等的地位。与社会不平等一样，教育不平等也表现为不同的人或群体由于经济地位、身份背景等方面的差异而在教育体系结构中具有不同的地位。社会教育体制鼓励人们追求文凭，是因为教育中包含的文凭和文化资本不仅意味着能获得更高收入和更大福利的工作机会，也是地位群体身份的标志，因此，教育也是阶级地位获得的重要机制。学校的主要作用在于传授社会支配集团的身份文化，学校教育发展的动力来自不同身份集团之间的冲突。

塞缪尔·鲍尔斯和赫伯特·金蒂斯把新马克思主义冲突论引入教育社会学的研究之中，在欧美学术界引起了极大的反响。他们通过大量的统计分析发现，在美国当时的教育制度中，能力和智商并不是决定个人社会地位的主要因素，个人的社会地位虽然被学历所决定，但学历条件是与家庭的经济社会背景相对应的，即所谓的智商、能力和学历的划分在很大程度上是以学生的阶级属性为依据的，学校教育成为阶级再生产的工具。比如，美国的义务教育向任何人开放，但它提供的教育以及培养人的目标却是为资本主义经济服务的，它在不断复制着原有的不平等经济结构和不平等的社会分工，因此，学校教育在本质上就是一个不断复制的过程。① 因此他们认为，社会生产关系是资本主义制度得以运作的必需品，而学校是再生产社会生产关系的代理机构。学校教育和家庭就像经济生产一样，一部分学生获得了更多导致成功的文化资本，而另一部分学生没有获得，这样就再生产了社会的阶级结构。要真正实现教育公平，只能实行彻底的教育改革，通过彻底的民主化改变现有的经济结构和社会分配制度。

西方的冲突理论使我们认识到了资本主义教育的本质，认识到教育与社会需求之间的有机性。事实上，它对西方教育学也有重要影响，直接促使了西方多元文化教育的兴起。但是，由于它是建立在对功能主义理论批判的基础上，缺乏一定的"建设性"，因此仍然有一定的局限性。

(3) 再生产理论

20 世纪 60 年代后期，以皮埃尔·布迪厄为首的再生产理论社会学家们开始反思传统的教育公平理论。他们认为绝对意义上的教育机会扩充，不能消除根植于社会不平等的相对意义上的教育机会不均等，通过教育消除社会不平等是不可能实现的。社会不平等通过教育从上一代复制和加剧

---

① 钱扑. 冲突论及其教育目的功能观——对一种教育社会学理论流派的剖析[J]. 外国教育资料，1999(4)：60.

到下一代，是一个再生产的过程。

布迪厄认为，文化资本是资本的一种表现形态，它通过父母一代代地向子女传递，即文化再生产机制。在社会中，经济资本是区分贫富家庭的标准，而文化资本则是不同阶层的象征。文化资本和经济资本一样有继承性和再生产功能，阶层之间的文化屏障则通过文化资本来表达和再生产。同时，他认为，学校传递的文化反映着统治阶级的文化，有利于统治阶级子女学业成功。生于有教养家庭的人和早年通过努力获得文化资本很多的人，会更快更容易地积累新的文化资本。通过文化资本，外在的财富转化成为一个人的内在素养，即惯习(habitus)。

同时，他认为，学校教育制度有"文化专断"的特性。教育统治阶级由教育权威对学生灌输文化专断，根据其通向高等教育的途径证明自身的优越性，并使其优越性合法化。而从属阶级的成员不仅受到物质方面的约束，同时在高等教育方面也处于劣势，社会不平等体制的种种事实也因此得以合法化。

布迪厄的再生产理论推进了社会分层制度对教育公平的影响，虽然后来的学者也有从下层阶级的子女成为教育的受益者而获得成功案例对他的思想进行质疑，但毋庸置疑的是，他的理论揭示了资本主义制度下不合理的教育制度，使人们开始从社会制度的根源上思考教育公平问题。

(4)文化相对主义和文化多元主义

文化相对主义最早来源于人类学研究。1949 年，梅尔维尔·赫斯科维茨对文化相对论进行了理论上的系统阐述。他认为，每一种文化都是一个不可重复的独立自在的体系，每一个民族都具有表现于特殊价值体系中的特殊文化传统；一切文化的价值都是相对的，不存在绝对的价值标准，各民族的文化价值都是相等的，各文化之间不可相互比较，更不能区分优劣。

文化多元主义理论继承了文化相对主义的思想，希望通过推进差异文化政治，推行种种社会政策和改革措施为少数群体争取平等和解决社会不公平问题。文化多元主义的代表人英国著名社会学家和教育家迈克尔认为，学校课程的选择与设置，实际上是教育知识分层化的过程，而这种教育知识的选择符合当时的统治阶级的价值和信仰。课程作为一种主要的社会资源，通过对知识的筛选，促进形成各种社会利益，并影响着它们之间的社会平衡。社会中的不平等关系分布导致了文化知识的不平等分布。

第三章　中国共产党领导下我国教育公平理念的历史演进、主旨和时代特点

反映时代的科学体系，必然是经过时间检验的，在社会实践中产生、发展且不断完善，我国教育公平思想正是中国共产党教育公平实践经验和教训的总结。

一、中国共产党领导下我国教育公平理念的历史演进

我党成立的宗旨就是解放广大劳动人民，在建党初期，我党一直在为争取广大劳动人民受教育权和受教育机会努力。在这个过程中，积累了不少经验，也有不少教训。

在抗日战争前期，在推行教育公平过程中由于脱离实际和群众需要实行强迫义务教育，结果引起人民群众不满，从而影响了教育的普及和公共教育的推行。延安整风运动之后，陕甘宁边区政府发出《关于提倡研究范例及试行民办小学的指示信》，纠正了这个错误，提出把大多数的甚至全部的小学交给地方群众自己办，按照群众的需要和自愿办学，调动了群众的积极性。新中国成立后，为贯彻教育为工农服务方针，我党扩大了受教育者的范围和数量却忽略了教育的质量，造成教育质量的下滑，之后几年，国家将教育重点由"普及"转为"提高"，提出控制小学发展，适当发展中学的方针。改革开放后，重点学校政策造成了大批薄弱学校的产生，损

害了大多数学生的利益，党和政府又提出，要大力加强薄弱学校建设，逐步实现平等教育。

总的来说，我国教育公平思想的历史演变经历了四个时期，即中国共产党创建初期到土地革命时期，抗日战争和解放战争时期，新中国成立至改革开放之前和改革开放之后时期。

1. 中国共产党创建初期到土地革命时期(1921—1936)

随着俄国十月革命及马克思主义在中国传播，新的一批马克思主义者在中国出现，他们意识到教育对群众的重大作用，试图以马克思主义科学理论分析平民教育和平民政治及社会改造间的关系，为我国教育公平理念的发源指出了前进的方向。

陈独秀认为："在工业未发达的社会里希望教育发达，自然是妄想；在社会主义未实现的社会里希望教育是平民的，自然也是妄想。"[1]"在现在贪狠的资本家生产制度之下，工银如此之少，时间如此之多，先生有何神通可以使一般工人得着平等的教育?"[2]他认为只有在无产阶级革命胜利条件下，从根本上解决广大人民的生活问题，人民实现当家做主，这些才可能实现。对此，李大钊持相同观点，他认为在资产阶级那里不可能有真正的平民主义，平民主义不过是被玷污的名字，因为在资本主义社会，资本家占有生产资料，占有劳工的劳动成果并剥夺他们获取知识、发展个性的权利。因此他认为，政治上、经济上、社会上完全打破一切特权阶级使得人民全体都是为社会国家做有意义工作的人，这种纯正的平民主义理想指导下的无产阶级民主教育才是真正的平民主义。只有通过阶级斗争，才可能实现"在一个共同生活组织中的人，无论他是什么种族、什么属性、什么阶级、什么地域，都能在政治上、社会上、经济上、教育上得一个均等的机会，去发展他们的个性，享有他们的权利"。[3] 他认为："现代的教

---

① 陈独秀文集[M].北京：人民出版社，2013：220.
② 陈独秀文集[M].北京：人民出版社，2013：48.
③ 李大钊全集：第2卷[M].北京：人民出版社，2013：410.

育，不许专立几个专门学校，拿印板的程序去造一班知识阶级就算了事，必须多设补助教育机关，使一般劳作的人，有了休息的工夫，也要能就近得个适当的机会，去满足他们知识的要求……劳工聚集的地方，必须有适当的图书馆、书报社，专供人休息时间的阅览……像我们这教育不昌、知识贫弱的国民，劳工补助教育机关，尤是必要之必要。"①同时，他还认识到，中国是农业大国，劳工阶级大多数都是农民，他们的愚昧和苦痛就是全中国的苦痛。农村教育却尤其落后，不仅缺乏学校，农民还因为长期耕种无法去学校接受教育。因此他号召青年学生到农村去，结合农民生产生活实际，利用乡间学校，开办农民补习班。

毛泽东吸取了二人思想的精华，他站在平民教育的立场猛烈抨击旧教育，他指出，贵族资本家及其他强权者人数既少，所赖以维持自己的特殊利益，剥削多数平民的公共利益者，一是知识，二是金钱，三是武力。之前的教育由于是贵族和资本家的专利，一般平民没有机会获得。他认为教育是实行民主政治的基础。一个国家的面貌取决于国民的面貌，国民的面貌取决于教育的面貌。"言世界改良进步者，皆知须自教育普及使人民咸有知识始。欲普及教育，又自兴办学校始。"②他认为国民教育不普及，文化水平差社会参与能力低，行为盲目的根本原因在于教育不普及、教育制度腐败、学校教育不得法。

在进步人士的呼吁下，他们成立了平民教育宣讲活动的进步团体——北京大学平民教育讲演团。这个讲演团以教育普及与平等为目的，以露天讲演为方法，以增进平民知识、唤起平民之自觉心为宗旨，积极推动平民教育的发展。它的宗旨在于共和国家以平民教育为基础。通过组织讲演团，向平民百姓宣传和介绍生产、生活各方面知识，提高其思想觉悟和启发其自主意识等。这种形式在之后的革命运动中得到广泛采用和发展，为后面的教育普及工作打下了基础。

---

① 李大钊全集：第 2 卷[M]. 北京：人民出版社，2013：408-409.

② 黎永泰. 中西文化与毛泽东早期思想[M]. 成都：四川大学出版社，1989：265.

1921 年 7 月，中国共产党成立，在后来的历次党代会和其他相关会议中，多次提到了争取工农群众受教育权、普及教育、男女教育平等等方面问题，这些都是我国教育公平思想理论早期的萌芽。

旧中国 80%以上人都是文盲，中国共产党在成立开始，就把争取广大人民受教育权作为革命斗争基本任务之一，把它用宪法和各种相关决议表达出来，并为之奋斗。1922 年 5 月，中国社会主义青年团第一次全国代表大会在《关于教育运动的决议案》中提出，工人愈无知，资本家便愈容易加以掠夺和压迫，我们务必将这种可怕的情形，唤起青年工人为争取教育权而奋斗，并努力从事识字教育和阶级斗争的教育运动，普遍地启发一般青年工人的阶级觉悟与斗争能力。至于农村青年尤应努力作特殊的教育运动。同年 5 月，在广州召开的第一次全国劳动大会讨论了对工人阶级进行社会主义教育的问题，在会后拟订的《劳动立法原则》和《劳动法案大纲》中均提出要以法律保证男女劳动者有享受补习教育之机会。1925 年 5 月，在广州召开的第二次全国劳动大会通过的《工人教育的决议案》中又明确指出，工人要想得到充分知识，得到许多受教育的机会，只有工人夺取政权后才能办到。1931 年 11 月，中国苏维埃第一次全国代表大会通过的《中华苏维埃共和国宪法大纲》第 12 条规定，中国苏维埃政权以保证工农劳苦民众有受教育的权利为目的。大会宣言指出，工农劳苦大众，不论男子和女子，在社会上、政治上和教育上，完全享有同等的权利和义务。一切工农劳苦群众及其子弟，享有国家免费教育权，教育事业之权归苏维埃掌管。为了保证青少年受教育权利，大会通过的《中华苏维埃共和国劳动法》还规定，14 岁以下的男女，严格禁止雇佣。14 岁至 16 岁的童工，经过劳动检察机关许可后才能雇佣。1934 年 1 月，毛泽东在第二次全国工农兵苏维埃代表大会上作的《中华苏维埃共和国中央执行委员会与人民委员会对第二次全国苏维埃代表大会的报告》中指出，进行文化教育改革的目的是解除反动统治阶级在工农群众精神上的牢笼。因此，中央政府制定和执行教育向工农及子女开放的政策。"谁要是跑到我们苏区来看一看，那就立刻看见是一个自由光明的新天地，这里一切文化教育机关，是操在工农劳苦群众的手里，工农及其子女有享受教育的优先权。苏维埃政府用一切方法来提高工农的文化水平，为了这个目的，给予群众政治上和物质条件上的一切可能的帮助。"①

早在清朝就有人提出普及义务教育的主张，但他们都是企图依靠剥削阶级的仁慈来实现，毛泽东对这种情况作过尖锐批判，他指出："知识阶级和所谓教育家者流，空唤普及教育，唤来唤去还是一句废话。"②毛泽东早在 1920 年就在上海《申报》发表《湖南改造促成会发起宣言》，把普及义务教育作为促进湖南改造的一个基本条件，为的是让人民群众从掌握文化到掌握革命理论。1922 年 5 月，中国社会主义青年团在广州举行了第一次全国代表大会，通过了《关于教育运动的决议案》，提出青年团在社会教育、政治教育、学校教育三方面的工作任务，反映了党在建党初期对工农群众教育的关注和基本要求。他们提倡提高社会青年的知识，提高其社会觉悟，并使年长失学的青年得到普遍的文化教育。对大多数无产阶级青年宣传社会主义，启发并培养他们的政治觉悟和批评能力，并发动改革学校制度使得一般贫苦青年得到初步科学教育，发动实施普遍的义务教育，发动学生参加校务管理，发动取消基于宗教关系和其他方面关系的一切不平等待遇。1922 年 7 月，党的第二次全国代表大会召开，宣言提出"改良教育制度，实现普及教育"等主张。1933 年 9 月，《中华苏维埃共和国临时中央政府人民委员会训令（第十七号）》指出，在适应着目前革命战争的需要这一条件之下确立普及义务教育制度……立刻开始有组织地有计划地进行扫除文盲运动，要尽量在最短时期内把从前豪绅、地主、资产阶级的统治所遗留下来的最恶毒的遗产——文盲——完全消灭……在可能的范围内，必须实施普及义务教育的免费于小学教育的优待。1933 年 10 月，中央文化建设大会通过的《苏维埃学校建设决议案》指出，苏维埃教育制度的基本原则是为实现对一切男女儿童免费的义务教育到 17 岁为止。但由于苏区的

---

① 滕纯. 中国教育魂——从毛泽东教育思想到邓小平教育理论（上）[M]. 南昌：江西教育出版社，1998：120.

② 毛泽东选集：第 1 卷[M]. 北京：人民出版社，1991：40.

困难，同意把义务教育缩短为 5 年，为了补救在义务教育未实现前，已超过义务教育年限的青年和成年人，党应当创造补习学校、职业学校、中等学校和专门学校。1931 年 7 月，鄂豫皖苏区第二次苏维埃代表大会关于文化教育的政策指出，苏维埃政府在共产党的领导下，发展苏区的无产阶级文化教育，对于工农分子实行免费的教育，对于地主商人及一切剥削别人劳动去生存的分子，征收特定额的学费。1931 年 8 月，《鄂豫皖区文化教育委员会巡视纲要》虽有明确规定，瑞金时期，实行工农阶级教育优先的政策，地富子弟虽可进入小学学习，但严格禁止工农厂主、地主、富农子弟升入初中，但在《中华苏维埃共和国临时中央政府人民委员会训令（第八号）》中指出，小学教育的目的，要对于一切儿童，不分性别和成分差别，皆施以免费的义务教育。但目前国内的战争环境，首先应该保证劳动工农的子弟得受免费的义务教育。这一系列普及义务教育政策的推行，使得适龄儿童以及因超过义务教育年限而未入学的贫苦青年和成年人都有了接受教育的机会，使得当时广大人民群众受教育程度和文化水平显著得到提高。

男女教育平等一向是中国共产党重视的问题。1922 年 7 月，党的第二次全国代表大会规定了党的最高纲领和最低纲领，在第七条"目前奋斗目标"规定，保护童工和女工，废除一切束缚女子的法律，女子在政治上经济上社会上教育上一律享受平等权利。1924 年 1 月，国共合作在广州召开第一次全国代表大会，宣言中关于教育方面规定，于法律上经济上教育上社会上确认男女平等之原则，助女权之发展。1926 年 5 月，在广州召开的第三次全国劳动大会上，做出了关于设立童工、女工免费的补习学校及娱乐场所等决议。在省港大罢工时期，省港罢工委员会还专门为女工创办了一所妇女劳动学校。1926 年 12 月，湖南省第一次农民代表大会通过的《农村教育议案》提出，竭力开办农民学校，按日班（农民子弟）、夜班（成年农民）及妇女班组织形式，招收学生。1928 年 7 月通过的《妇女运动决议》在"职工会与妇女工作"条中强调，要尽量利用各种短期训练班、学校、俱乐部等公开机关做革命的教育宣传工作。1929 年中共六届二中全会通过的

《职工运动决议案》指出，党对于女工运动，应尽可能采取各种方式（如读书班等）来进行女工教育。1931年12月，《中央关于扩大劳动妇女斗争决议案》指出，在白区为着加强我们对广大劳动妇女群众的联合教育，必须利用各种组织的方式，在工厂和农村中组织妇女的附属组织（如姐妹会、读书班、识字班、互助会等）；在苏区内应利用苏区公开环境，必须设立各种劳动妇女干部训练班，以便从工农劳苦群众中不断培养出大批妇女工作人才。1932年6月，中华苏维埃共和国临时中央政府在《关于保护妇女权利与建立妇女生活改善委员会的组织和工作》的训令中，要求发展妇女教育。各级苏维埃政府文化部应设立妇女半日学校，组织妇女识字班，或举办家庭临时训练班、田间劳动识字班。训令还要求各级妇女生活改善委员会与同级文化部门共同计划，实施妇女的文化工作。在一系列关于妇女教育方针政策指导下，我国女子教育得到极大发展，通过各种教育方式使广大女子在文化知识、政治思想觉悟和革命工作技能方面都获得了普遍的提高。大批妇女因此学会写信、看书、阅报，而原来有文化的妇女知识得到进一步发展，许多女子因此提高了思想，更自觉投入到革命活动中。

争取工农接受教育的权利，确立普及义务教育制度，妇女与男子一样平等接受教育等，都是教育公平的核心内容，在土地革命时期，我国教育公平理念已经初步形成。

2. 抗日战争和解放战争时期(1937—1948)

1937年，为适应抗日救亡，根据十年苏区教育工作的经验，中国共产党在各个抗日根据地实施了"抗战教育"。1937年7月，毛泽东提出在坚决抗战的方针下实行"国防教育"，就是要根本改革过去的教育方针和教育制度，不急之务和不合理的办法，一律废弃。同年8月，中共中央在洛川会议通过的《抗日救国十大纲领》中明确提出，要改变教育的旧制度、旧课程，实行以抗日救国为目的的新制度、新课程；实行普及的义务的免费的教育方案，提高民族觉悟的程度；将以往不利于抗战，不利于发展民主，不利于改善人民生活，限制或剥夺劳动人民受教育权利的教育方针予以废除，而实现抗战救国的新教育，即普及义务免费的教育。

土地革命战争时期在教育上采取工农子女享有教育优先权，地主子女入学受到一定程度限制，抗日战争时期为了团结一切可以团结的力量，规定各阶级阶层无论贫富，不分成分，全体学龄儿童都有同等入学的机会。1940 年 3 月，《陕甘宁边区实施普及教育暂行条例》规定，7 岁至 13 岁未入学之学龄儿童，不分性别、成分，均应一律就学，读完小学课程。1941年边区教育厅起草了《小学教育制度暂行条例草案》，规定了五年小学制，并提出关于小学教育的几条基本原则，要求从中国的(国难时期的破产农村)、历史的(儿童或迟或早是无产阶级社会的主人)、生理的(智力、体力发育未完成)观点来看待儿童，要求不分男女、成分，施以同等免费教育。1940 年 3 月，《陕甘宁边区实施普及教育暂行条例》规定，贫苦抗工属子女及贫苦子女无力入学者，当地县政府得斟量采用下列优待办法：一是甄量减除抗战动员之义务劳动。二是由当地互济会甄量救济。三是升入高级小学学生供给一部分或全部伙食。同月颁布的《中央关于开展抗日民主地区的国民教育的指示》提出，政府应提高用于国民教育方面的经费的比例，尽可能实行免费教育，对贫苦学生还应给以必要的书籍与纸笔等日用品。边区政府用说服解释的方法及政府法令的强制力量，大量动员学龄儿童入学，同时设法克服学龄儿童不能入学的实际困难，真正达到从经济上、生活上、制度上予以照顾，以保证贫寒子弟入学的可能。到 1945 年，全区小学增至 2297 所，其中民办小学 1957 所，公办小学 340 所，使得许多世代没进过学校大门的农民子弟得到学习的机会。

抗战时期，劳动群众接受教育的要求越来越强烈，但由于特殊复杂环境，不可能举办更多正规教育，必须采取灵活多样的办学形式和办法，为广大人民群众提供更多受教育机会，1938 年，《陕甘宁边区国防教育的实施原则》第六条规定，学校的组织应适应战争变化的环境(如学校的军事化，在露天上课等)，不要敌人一打来就把学校停办，要发挥在任何环境下都能进行教育工作的那种艰苦卓绝作风，用大量的灵活和坚忍来坚持战时教育。第七条指出，为适应人才的急需和抗战的环境，学习期应尽可能缩短，以多设学校，多收学生，使广大群众都普遍地有受教育的机会为原则。边区比较落后，要这些文盲大众都脱离生产去学习不太可能。要用极大力量来推行深入广泛的社会教育，利用群众生产之闲暇施以教育。1937年10月，陕甘宁边区教育厅发布关于冬学的通知，指出冬学是经常性的学制之一，是成年补习教育的一种，特别是给农民教育的良好机会，也就是普及教育、消灭文盲的重要办法之一。冬学的目的，既是利用农民冬季的闲空，给年长的失学成年、青年以受教育的机会，当然不分男女成分，只要是边区人民，都有参加冬学的权利。1940年3月，《中央关于开展抗日民主地区的国民教育的指示》提出要开展多种形式的教育，在学校教育方面，必须尽可能地恢复与重新建立各地小学校，达到每村有一个初级小学校，每乡有一个小学或模范初级小学，每个中心区有一个两级小学或完全小学，以建立广泛的教育网络。各村各乡小学内或小学外，建立民革室、救亡室、俱乐部等文化教育中心。开办各种民众学校、夜校、识字班，组织各种识字组、大众黑板、读报、演讲、娱乐体育、墙报、戏剧等一切适合于民众需要及民众所喜欢参加的活动。多种多样的教育组织形式为广大人民提供了广泛的受教育机会，也提高了群众的文化水平和思想觉悟，为推动抗日战争的胜利发挥了重大作用。

针对妇女儿童教育，1938年4月，《陕甘宁边区国防教育的实施原则》指出，因为以往封建意识的浓厚，边区女子教育特别落后，今后应加紧妇女教育。通过补习学校如夜校、半日校、冬学等对广大不识字的成人、青年男女尤其是妇女进行识字教育，同时提高民众的政治文化水平以加强抗战力量。1938年5月，邓颖超通过《我们对于战时妇女工作的意见》提出，用宣传、鼓励、解说、奖励等方法，在工厂里，在农村中，在街道上，在厨房内都随时随地、有系统地、不断地进行妇女大众中的教育工作，文化启蒙运动，识字运动，清洁运动等；实行免费的普及的国难教育，增加妇女知识，提高妇女文化水平，以便加强妇女抗战决心，破除一切旧社会遗毒所加于妇女的束缚。动员妇女，单靠行政的办法是不够的，主要采用鼓励说服等方式，她主张在每个工厂、每个乡村、每个区域广泛设立妇女夜校、妇女识字班、俱乐部等文化机关，来进行妇女的文化教育事宜，要求依照不同的战时训练工作性质和不同的工作范围，设立各种不同的专门化的训练班。除了各种临时的训练班外，还须有经常性的，为了培养和深造妇女干部的训练班或学校。除了普及一般的军事化常识外，还可以吸收热心抗战、身体健康的知识妇女参加军事技术的专门学校。1940年《边区教育宗旨和实施原则》也强调应对七岁以上的学龄儿童和失学成年男女实行普及的免费教育，使全区儿童和成年人不分性别、成分和年龄，都得到受教育的均等机会。1940年3月，《中央关于开展抗日民主地区的国民教育的指示》提出，为了吸收青年妇女进学校，同时估计到中国旧社会中封建思想的存在，应在某些地区设立女子两级小学或女子高等小学、女子师范及女子中学，但同时应该提倡男女同学，一切学校均应吸收女子入学。1940年10月，陕甘宁边区政府明确提出，女生要大力发展，要加强妇女说服教育工作，大量动员女孩入学。从1937—1940年情况来看，女生占边区小学学生比例的3.9%，而到1940年下半年女生就有6953人，占23.8%。

值得注意的是，由于受"左"倾思想的影响，在推行教育公平时也出现一些激进的现象。比如要求过急，脱离当时的实际和群众的需要，实行强迫的义务教育，引起人民的不理解和反感。针对这种现象，1940年陕甘宁边区教育厅召开的会议上，决定精简、合并学校，重质不重量。办法是：①每县宁可取消十个普小，一定要办好一个集中的完小。②每个学校不满二十或三十人，不准开办。③若教员资格和学校设备等方面不符合规定的须停办。④年限、班级、开学、放假等制度必须整齐划一。⑤在五里以内的学校必须尽量合并。1942年5月和1944年4月的《解放日报》先后发表了《反对教育工作中的急性病》《根据地普通教育的改革问题》，指出教育工作存在的问题在于理论与实际、所学与所用的脱节，存在主观主义和教条主义的毛病。1944年4月，陕甘宁边区政府发出《关于提倡研究范例及试行民办小学的指示信》，提出把大多数甚至全部的小学交给地方群众自己办。《陕甘宁边区政府关于提倡小学民办公助的指示》也指出，应本民办公助的方针，提倡人民自办小学，每县至少试办一处，将来应做到每村都有一个民办村学。民办村学按群众的需要和自愿办学，通过群众最易接受的形式，学习与人民生活密切相关的知识，得到了群众的拥护，大大推动了普及教育工作。

解放战争时期，解放区在总结和推广整风运动进行教育改革经验的基础上，广泛开展群众文化教育运动，使得更多劳苦群众有接受教育的机会。1946 年 1 月，中共中央在重庆召开的政治协商会议上指出，要普及城乡小学教育，扶助民办学校，推广社会教育……救济贫苦学生与失学青年，以保证大量青年得到学习新知识和新文化的机会。随后各解放区也先后发布了一系列指示，要求采取多种形式办学，以扩大工农及其子女接受教育的机会。1946 年 4 月，晋察鲁豫边区参议会在通过的《关于政府工作报告的决议》中，宣布要贯彻新民主主义文教政策，开展大众的文化运动，大力解决贫苦群众的入学问题，提高文教工作者的待遇和地位，奖励文教工作模范，改造与培养师资，充实和建立各级正规教育，加强社会教育，如夜校、冬学等，以提高群众认识，培养大批建设人才。1946 年 9 月，东北解放区发布《东北政委会关于改造学校教育与开展冬学运动的指示》指出，初等教育，应着重在改造和普及上……采取早学、午学、夜学、半日班、全日班等多种多样的形式，便利于广大贫苦儿童入学。1942 年 2 月，华北人民政府第二次政府委员会通过的《华北区文化教育建设计划》指出，要密切与劳动人民联系，注意解决穷苦工农子女入学问题。在工业区，尤应重视工人子女的教育问题，然后力求发展普及，以行政区为单位，有学校的村庄，其学龄儿童入学率力争增加 10% 以上，准备于适当时机有重点地实行义务教育。

为了迎接解放战争最后的胜利和为革命胜利后准备建设人才，解放战争时期，我党开始重视开展高级国民教育，注重在普及基础上的提高。1946 年 4 月，陕甘宁边区第三次参议会第一次会议通过的《陕甘宁边区宪法原则》提出文化教育方面的原则是普及并提高一般人民的文化水准，从速消灭文盲。1946 年 12 月，苏皖边区发布了《苏皖边区国民教育实施法

（草案）》，在"总则"中规定，本边区国民教育之实施重点，应暂依下列原则，分别轻重缓急，同时斟酌各地具体情况灵活处理之：（甲）先以普及初级国民教育为主，在普及的基础上，一方面按照需要开展高级国民教育，以力谋提高；一方面量力开展幼儿教育，以图深入。（乙）暂时坚持成人教育重于少年教育，少年教育重于儿童教育的方针，但儿童教育之比重，较之抗战时期应甄量增大，不得放松。1949年9月，东北行政委员会召开了第四次教育会议，出台了《关于改造学校教育与开展冬学运动的指示》，指出在东北目前的情况下，中等教育应重于小学教育。而在中等教育中的比重，应该是师范教育占第一位，职业教育占第二位，普遍中等教育占末位。中等教育的主要任务是训练政治、经济、文化、军事建设人才。

抗战时期和解放战争时期，党颁发的一系列有关教育公平的政策和实践，有力推动了教育普及和教育公平的实现。这些思想和实践标志着中国共产党教育公平思想的逐渐成熟。

3. 新中国成立至改革开放以前（1949—1977）

1949年10月1日，中华人民共和国成立，中华民族进入一个新的历史时期。9月，中国人民政治协商会议第一届全体会议通过的具有临时宪法性质的《中国人民政治协商会议共同纲领》规定，中国人民民主专政是中国工人阶级、农民阶级、小资产阶级、民族资产阶级及其他爱国民主分子的人民民主统一战线的政权，而以工农联盟为基础，以工人阶级为领导。中华人民共和国的文化教育为新民主主义，即民族的、科学的、大众的文化教育。这个阶段我国教育政策可分为两个阶段："文化大革命"之前和"文化大革命"时期。

（1）"文化大革命"之前

新中国成立初期，新中国的教育延续了解放区的方针，通过实行干部教育、业余教育、工农速成学校教育等多种教育途径使得广大工农群众接受各级教育。1949年12月召开新中国第一次全国教育工作会议，教育部长马叙伦指出，由于我们的国家是以工农联盟为基础的人民民主专政的国家，因此我们的教育也应该以工农为主体，施以工农大众的文化教育、政治教育和技术教育。除了我们的社会教育毫无疑义地应以工农为主体外，我们的小学应该多多吸收工农的子女，我们的中学校和大学校，也应该有计划有步骤地为工农青年广开大门，以期大量地培养工农出身的新型的知识分子，作为我们国家建设的新的坚强的骨干。第一次全国教育工作会议明确了教育为人民服务的目的，强调教育要面向工农兵，并规定新中国教育的发展方针是普及与提高相结合，且在相当长的时间内以普及为主。第一次全国教育工作会议总结报告指出，新中国教育发展方针是普及与提高的正确结合，即在普及基础上的提高，在提高的指导下普及。普及当然以工农兵为主要对象，但是也不能放松一般儿童教育的推广。在这种普及的基础上，从识字教育和基本政治文化科学教育，提高到较高级的科学技术和政治教育。1950 年 5 月，《当前教育建设的方针》指出，当前中国的教育情况和我们国家当前的基本情况是极不相称的。我们的国家已经是无产阶级领导的工农联盟为基础的人民民主专政国家。我们的教育呢？全国工人和农民除办有少数识字班、业余学校和老解放区的冬学以外，还极端缺乏经常的和合适的文化教育。要改变这种教育，使得教育真正是民主的教育，真正为提高工农的文化政治水平服务，使各级学校为工农大众及其子女开门，现在已经是刻不容缓的事了。1950 年 9 月，马叙伦部长在第一次全国工农教育会议的开幕词说到，我们现在把工农教育问题列为国家教育工作主要的议事日程，这在中国历史上是一件空前的大事。1951 年 9 月，教育部副部长钱俊瑞在第一次全国初等教育与师范教育会议的总结报告中指出，土地改革和工商业调整后，劳动人民的子女迫切要求上学，有计划有步骤地普及儿童初等教育已是新中国教育工作者现实的任务。现在我国学龄儿童约 7000 万，入学的学龄儿童(超龄和不及龄儿童除外)约 3200 万人，约占全部学龄儿童的 46%。我们的目标是十年之内争取全国学龄儿童基本上全部入学，五年之内争取全国学龄儿童 80% 入学。我们要坚决实行这种五年一贯制，来保证城乡人民群众的子女，首先是工农子女，能够平等地受到作为新中国一个健全公民所必须受到的基础教育。

为了贯彻为工农服务的指导思想，实现教育普及与提高的目的，党和国家主要采取了下列措施：第一是大力举办工农速成中学和工农干部文化补习学校。工农速成中学和工农干部文化补习学校的创办，不仅满足了工人和工农干部对文化的要求，而且为国家培养了大批工农干部和人才。第二规定各级学校向工农及其子女开门。为此，采取了种种措施为工农及其子女创造条件，如在工矿区和农村增办学校以便利工农子女入学；在中等以上学校设置人民助学金，首先使工农及其他劳动人民子女入学时得到经济上的帮助；在录取新生和教学指导上给工农干部及其子女以特别关照。规定工农速成中学毕业生、产业工人、革命干部的考试成绩达到标准时要优先录取。这些措施使得各级学校学生的成分发生了显著的变化，不仅小学校里工农及其他劳动人民子女占绝大多数，中学、大学学生中的工农成分也在逐年增加。第三进行工农群众业余教育，开展扫盲运动。在面向工农大众的普及和提高相结合的教育方针指导下，开展了大规模扫除文盲的文化教育。第四是进行了学制改革。我国之前的学制有很多缺点，主要表现在工人、农民的干部学校和各种补习学校和训练班，在学制中没有地位；小学修业年限为六年，并采取分初级小学、高级小学的办法，不利于广大劳动人民的子女受到完全的初等教育；各级培养国家建设人才的技术学校，在学制中没有地位。新中国成立之后，工人农民成了国家的主人，他们受教育的权利必须在学制中得到体现，教育必须向工农开门。针对原来学制中存在的这些问题，新学制将原来学制中规定的六年改为五年（后因准备不充分而终止），并将工农速成学校、业余学校、识字学校、各类政治学校和政治训练班等正式纳入学校系统，并使之相互衔接，从而规定了工农速成教育和各级各类业余教育的地位。1950 年 5 月，教育部副部长钱俊瑞在《当前教育建设的方针》中指出，教育为工农服务，是不是就不为别的民主阶级服务？不是的。正因为工农是国家的主体，而且在现阶段工农又最缺文化，因此我们首先必须用主要的力量给工农以教育。我们说教育的力量首先并且主要地放在工农身上，并不是说我们的教育从此就不管小资产阶级和民族资产阶级了。首要并不等于全部，现在大批民族资产阶级和城市小资产阶级的子女还是很好地在各级学校里念书，他们尽可以继续在这些学校里念下去，直念到能够走出校门，为人民的国家担任一部分工作。

通过种种努力，可以看到当时扩大了受教育者的范围和数量，促进了教育公平。但值得注意的是，由于当时为了尽快提高广大人民群众的文化水平，一味地扩展学校数量，对当时客观实际条件估计不足，因此在发展数量的同时忽视了质量的提高。

新中国成立初期，由于党和政府正确领导，积极帮助，我国少数民族教育已有不少发展和进步，但由于民族历史条件不同，又由于解放时间先后不同，各地区各民族教育工作发展很不平衡。如东北地区的朝鲜族入学儿童已达学龄儿童的 92% 左右，小学教育已接近普及的程度；中等学校已有 57 所，学生 25870 名；在延边专区，平均每两个区就有 1 所中学，每 35 个人中就有 1 名中学生。但同时在西南的横断山脉一带、西北的游牧区等少数民族地区，只有少数的学校或者根本没有学校，除蒙古族、藏族、维吾尔族、朝鲜族、哈萨克族等民族外，许多少数民族只有简单的文字，或没有文字，更无从谈学校和教育了。为了促进各民族间教育平等，党和政府采取了一系列积极发展少数民族教育的重大措施，颁布一系列相关文件。首先，大量培养少数民族干部。1950 年 11 月，政务院第 60 次政务会议批准了《培养少数民族干部实行方案》，方案提出，为了国家建设、民族区域自治与实现共同纲领、民族政策的需要，从中央至有关省县，应根据新民主主义的教育方针，普遍而大量地培养各少数民族干部,[1] 且决定"在北京设立中央民族学院，并在西北、西南、中南各设中央民族学院一处，必要时还可增设"。[2] 1951 年 9 月召开的第一次全国民族教育会议指出：

---

[1]　何东昌. 中华人民共和国重要教育文献(1949—1975) [M]. 海口：海南出版社，1998：67.

[2]　何东昌. 中华人民共和国重要教育文献(1949—1975) [M]. 海口：海南出版社，1998：69.

"少数民族目前应以培养少数民族干部为首要任务，以满足各民族的政治、经济文化教育建设的需要。"①各级民族学院和训练班的举办，使得大批民族干部有机会接受高级的文化教育，大大提高了民族干部的文化水平和政治觉悟。其次，采取特殊的照顾政策，帮助少数民族学生接受各种教育。1950年11月批准的《培养少数民族干部试行方案》指出，为了鼓励与帮助少数民族学生接受各种高等教育，凡考入高等学校(包括少数民族高等学校)的少数民族学生一律享受公费待遇。除享受公费待遇的少数民族中学外，在若干指定的中学亦得设立少数民族学生的公费名额。为了适当照顾目前少数民族学生文化文平，对投考高等学校与一般中学的学生应适当规定一个入学成绩标准。入学后，又应给予适当补习条件。再者，根据少数民族教育的实际情况，采取不同指导方针，设立少数民族教育的领导管理机构，设立少数民族专项教育补助经费，扶持少数民族教育发展。1951年11月，《关于第一次全国民族教育会议的报告》指出："现阶段少数民族教育的工作方针，应根据各民族教育的实际情况分别采取巩固、发展、整顿、改造的方针。在西南、西北及其他各省的山区、游牧区和偏僻的边境等少数民族工作尚无基础的地区，应有重点地创办学校和各种文教事业；云南、广西、湖南等省某些过去虽较有基础但工作尚未完全恢复的少数民族地区，则应大力恢复并积极整顿；东北、内蒙古、新疆等过去基础好，解放后又有相当发展的少数民族地区，则应着重提高质量并做适当发展。"②"少数民族地区大都经济落后，人民生活贫苦，地方教育经费一般都困难，儿童入学受到经济生活极大的限制。在目前阶段如果得不到经费上的特别帮助，教育工作很难得到开展。""关于少数民族地区的教育经费，各地人民政府除按一般开支标准，拨给教育经费外，并应按经济情况及教育工作，另拨专款，帮助解决少数民族学校的设备、教育待遇、学生生活

---

　　① 何东昌. 中华人民共和国重要教育文献(1949—1975)[M]. 海口：海南出版社，1998：129.

　　② 何东昌. 中华人民共和国重要教育文献(1949—1975)[M]. 海口：海南出版社，1998：130.

等方面的特殊困难。"①再次，帮助少数民族学校培养师资。1951 年 11 月召开的第一次全国民族教育会议讨论通过了《培养民族师资的实行方案》，方案指出，培养、提高少数民族师资是发展少数民族教育的重要工作之一，有关的各级人民政府教育行政部门必须重视。同时提出，各级人民政府教育行政部门应积极帮助现有的少数民族师范学校，改善物质条件，提高教师质量，改进教材教法，使其能更好地为少数民族培养师资；少数民族地区为了适应发展初等教育、工农业余教育的迫切需要，得设各种短期师资培训班，招收知识分子充当小学教师和工农业余学校教师，并采取轮训和加强在职学习等方法，提高现任教师的质量；为了培养少数民族的中等学校师资，省级以上的人民政府教育行政部门得在少数民族人口集中、教育较发达的地区筹设少数民族的师范学院或师范专科学校；各民族学院内得甄量增设民族教育系或师范进修科，并可选定若干师范学院或师范专科学校，增加有关少数民族教育的课程，或在原有各系内甄量增设少数民族教育组；中央人民政府教育部门在派遣留学生时，应选派一定数量的少数民族学生和干部，以培养少数民族的高等学校师资；全国各地各级师范学校在招生时，应注意吸收少数民族学生入学；各级民族师范学校的课程、教材，均应以教育部的规定为基础，并结合少数民族的实际情况斟酌变通等。通过这些有利政策的实施，到 1952 年，全国共有少数民族学生 147.4 万人，占全国学生总数的 2.9%，我国民族教育逐渐壮大起来。

　　1953 年的后几年里，教育的重点由"普及"转向"提高"，主要是控制小学的发展，适当发展中学，办好重点中学。1953 年 1 月举行的各行政区文教委员会主任会议提出"整顿巩固、重点发展、提高质量、稳步前进"的教育方针，指出要集中力量调整和管理高等教育与中等技术教育，为经济建设培养人才；适当发展中学教育，以保证高校生源的质量和数量；克服初级教育的混乱状况，提高质量。1953 年 5 月，毛泽东主持的中央政治局

---

①　何东昌. 中华人民共和国重要教育文献(1949—1975)[M]. 海口：海南出版社，1998：129-130.

会议肯定了以上教育方针，提出"要办重点中学"。教育部确定"有重点地办好一些中学和师范"，以取得经验，指导一般。之所以这样做，一方面是因为当时过于追求数量，忽视质量，致使文教事业发展的比例失调；另一方面是为了适应当时国家对经济建设人才的需要。1953 年 9 月，郭沫若在中央人民政府委员会第 27 次会议上所作的《关于文化教育工作的报告》指出，三年多来，新中国的文化教育工作，在恢复、改革和发展方面有了不少成绩，不过还有很多缺点和错误。我们主要缺点和错误在于：文教工作没能正确地结合需要与可能，追求数量，忽视质量，贪多、图快、急躁地工作。不按正确的比例来发展文教事业，其结果就使得我们的许多事业陷入被动、困难甚至混乱。今后一个时期，要大力整顿和办好高等学校和中等技术学校，有效地为国家培养经济建设人才。适当发展中学，在数量和质量上保证高等学校的新生来源。大力整顿和改进小学教育，克服现有的某种程度的混乱现象，提高质量。提倡民办小学，鼓励私人办学，协助企业、机关、团体办学，以适当满足学龄儿童入学的要求。① 1953 年 9 月，中共中央批发的《关于检讨官僚主义和对今后普通教育方针的报告》再次强调：整个教育工作严重存在两种不平衡：第一，教育事业与国民经济的不平衡。一方面是高等工业教育、中等技术教育、高等师范教育、高级中学，跟不上国家的需要；另一方面是扫除文盲班、小学等盲目发展，超过了应有的速度。第二，教育事业内部的不平衡。首先是各级学校供求关系不平衡，高中毕业生不能满足高等学校招生的需要。其次是各级各类学校的规模、要求与现有师资之间的不平衡，即一般的教师的数量缺、质量弱，而小学师资则是量多质弱。今后的任务是稳步发展高等教育，特别是高等工业教育和中等技术教育。初中、小学、幼儿园、工农业余教育，目前均应着重整顿和提高，为今后有计划地逐步发展准备条件。② 从 1953 年

---

① 何东昌. 中华人民共和国重要教育文献（1949—1975）［M］. 海口：海南出版社，1998：238.

② 何东昌. 中华人民共和国重要教育文献（1949—1975）［M］. 海口：海南出版社，1998：240.

起，我国开始控制小学的发展，重点发展中学。在中学的发展中，逐步减少速成中学的数量。这时在质量和公平之间，政策明显偏向前者。

旧中国文教事业大都集中在沿海城市，教育地区发展极不均衡。新中国成立后，党和政府颁布了一系列的政策促进地区之间教育的均衡。1955年第一届全国人大二次会议通过的《中华人民共和国发展国民经济的第一个五年计划》第九章规定，普通教育事业的发展，应该适应于经济发展，注意到地区的合理分布，有计划地提高新工业地区、少数民族地区、老解放地区的发展速度，以逐步改变原来地区分布不平衡的状态。1955年9月，中共中央在给各地党委的指示附件中进一步指出，对文教事业应"合理布局，统筹安排"，"旧中国的文教事业，大部集中在沿海城市，高等学校和科学研究机构更为集中。解放以来，虽然已注意逐步发展内地的文教事业，但上述不合理的情况基本上还没有改变"。"过去我们的计划，在地区安排和发展速度问题上，较多地迁就现有基础，通盘筹划不够。在财力和人力的分配上，文化发达的地方分得过多，文化不发达的地方分得过少。今后全国文教事业的发展，应按照国民经济——特别是工业的新的分布和发展速度，作新的安排。西北、西南以及一般少数民族地区和老解放区的文化发展速度，应根据实际需要和可能条件有计划地稳步提高。在人力和财力上我们应尽可能给这些地区以大力支持。文化比较发达的地区，应把支持文化不发达的地区作为自己重要的政治任务。""为了鼓励沿海城市的文教工作者到内地工作，除应有精神奖励外，还应订出必要的物质待遇方面的照顾方法。"①1955年6月，周恩来在《政府工作报告》中指出，旧中国的高等学校，由于要适应帝国主义和国内反动统治的需要，畸形地集中在沿海大城市。教育部门和高等学校几年来进行了院系调整和教学改革的巨大工作，使我国高等教育的面貌发生了根本性的变化。从1953年至1957年，将沿海地区一些高等学校的同类专业、系迁至内地组建新校或加

---

① 何东昌. 中华人民共和国重要教育文献(1949—1975)[M]. 海口：海南出版社，1998：515.

强内地原有学校，从而改变了高等学校过于集中于少数大城市尤其是沿海大城市的状况，有效促进了地区间教育的均衡发展。

干部子弟学校在财政政策等方面过分对党、政、军干部，特殊人群子女利益倾斜，对新中国教育事业、教育财政的公平性都有着消极影响。1955 年 10 月，中共中央在转发教育部党组《关于逐步取消各地干部子女学校的报告》批示附件中指出，寄宿制干部子女学校是在解放战争环境中产生的。当时干部经常流动，而且都是供给制待遇，办理这种寄宿制的干部子女学校是必要的。但是现在国家已经进入和平建设时期，我们已经建立了一个相当大的小学网，散布全国各地，已可适当满足干部子女上学的要求。因此，干部子女学校就无存在必要了。另外，目前干部子女小学普遍存在的缺点是特殊化，特殊化的第一表现是学生生活待遇比较优裕，特殊化的第二个表现是经费开支过大。寄宿制的干部子女学校发展到今天是利少弊多，因此必须采取适当措施，改变这种办法。各地干部子女小学从1956 年开始，逐步改变成为普通小学，招收附近的机关工作人员和群众的子女为走读生。各部门办的干部子女小学交由地方教育行政部门接管，以便统一管理。① 1956 年干部子女学校的取消打破了特权和等级观念，使得教育公平进一步凸显出来。

这时期妇女和生理有缺陷的人群教育权利也得到适当的保护。1951 年8 月，《政务院关于改革学制的决定》指出，各级人民政府要设立聋哑、盲童等特种学校，对生理上有缺陷的儿童、青年和成人，施以教育。1954 年9 月，第一届全国人民代表大会第一次会议通过的《中华人民共和国宪法》第 96 条规定，中华人民共和国妇女在政治的、经济的、文化的、社会的和家庭生活的各方面享有与男子平等的权利。1956 年 11 月，教育部下发的《关于盲童学校、聋哑学校经费问题的通知》提出，盲童学校和聋哑学校的各项经费开支标准应高于同级同类的普通学校。盲童学校、聋哑学校学生

---

① 何东昌. 中华人民共和国重要教育文献（1949—1975）[M]. 海口：海南出版社，1998：532-533.

助学金标准，应相当于当地初级中学的定额标准。① 1957 年 4 月，教育部在《关于办好盲童学校、聋哑学校的几点指示》中指出，聋哑教育是国家整个教育事业的一个组成部分，随着我国社会主义建设的发展，今后必须有计划地发展起来。目前必须采取必要的措施，办好现有的盲童和聋哑学校。同时指出，当前盲童学校和聋哑学校的工作方针是，整顿巩固，逐步发展，改革教学，提高质量。② 这一方针反映了当时聋哑教育的情况，一方面我国现有聋哑教育基础还很薄弱，必须积极整顿，把现有学校办好；另一方面随着我国社会主义建设的发展，广大的盲童和聋哑儿童的入学要求会越来越迫切。为此中央提出在目前对现有学校进行整顿的同时，也应逐步地作适当的发展，特别是现在还没有盲童学校和聋哑学校的省份，应及早筹备开办。③ 到 1957 年，我国有盲童聋哑学校 66 所，在校学生数 7538 人。④

1956 年的小学在校女生数与 1951 年相比增加近 1 倍(1956 年小学在校女生数是 2231.5 万人，1951 年小学在校女生是 1206.3 万人)。而女生数占同年小学生总数的比例由 1951 年的 28%增长到 1956 年 35.2%。1956 年与 1950 年相比，中学在校女生数增加 4.4 倍(1956 年中学在校女生数是 151.43 万人，1950 年中学在校女生数是 34.61 万人)，说明有越来越多女生接受普通中等教育。高等学校中不管女生人数还是女生比例都在不断增加：1956 年高等学校在校女生数是 100374 人，1949 年高等学校在校女生数是 23157 人，增加了 4.3 倍；增长幅度由 1949 年的 19.77%增加到 1956

① 中国教育年鉴编辑部. 中国教育年鉴(1949—1981)[M]. 北京：中国大百科全书出版社，1984：713.
② 中国教育年鉴编辑部. 中国教育年鉴(1949—1981)[M]. 北京：中国大百科全书出版社，1984：756.
③ 中国教育年鉴编辑部. 中国教育年鉴(1949—1981)[M]. 北京：中国大百科全书出版社，1984：756.
④ 中国教育年鉴编辑部. 中国教育年鉴(1949—1981)[M]. 北京：中国大百科全书出版社，1984：1035.

年的 24.6%。①

1954 年 9 月，第一届全国人民代表大会第一次会议通过的《中华人民共和国宪法》第 94 条规定，中华人民共和国公民有受教育的权利。国家设立并且逐步扩大各种学校和其他文化教育机关，以保证公民享有这种权利。宪法的颁布使得公民的受教育权利首次在法律上得到保证。在推行教育公平的过程中我国由注重普及转向提高，积极发展中等教育、高等教育、职业教育等；积极促进地区之间教育的均衡发展，发展妇女教育，提倡男女教育平等；重视特殊教育，给生理上有缺陷的儿童、青年和成人施以平等的教育；取消干部子弟学校，打破特权和等级观念等。

1958 年 5 月召开的八大二次会议提出了"鼓足干劲、力争上游、多快好省地建设社会主义"总路线，它是在急于求成的思想指导下制定的，片面强调经济建设的发展速度，过分夸大人的主观意志作用，忽视了经济建设所必须遵循的客观规律。为了适应社会主义建设的高潮，文教事业也进入了大发展"大跃进"的时期，全国各地大办中小学，轰轰烈烈地开展扫盲运动，使得教育普及工作得到飞速的发展。教育领域的"大跃进"虽违背了教育规律，忽视了教育质量的提高，但也调动了地方办学和群众办学的积极性，为广大人民群众提供了更多接受教育的机会。

为了多快好省地发展教育事业，让更多的人能接受不同程度的教育，党和政府提出了"两条腿走路"的原则，采取多种办法、多种形式办学。1958 年 2 月，薄一波在《关于 1958 年度国民经济计划草案的报告》中提出，要"进一步地提高各项文化教育事业的质量；同时，按照勤俭办学校、勤俭办文化卫生事业和依靠群众自办的原则，积极地发展文教卫生事业。为此，必须采取下列措施：有步骤地实现半工半读的教育制度……以便又多、又快、又好、又省地发展我国的教育事业"。② 1958 年 2 月，教育部

---

① 中国教育年鉴编辑部. 中国教育年鉴(1949—1981)[M]. 北京：中国大百科全书出版社，1984：1024.

② 何东昌. 中华人民共和国重要教育文献(1949—1975)[M]. 海口：海南出版社，1998：798.

副部长董纯才在第一届全国人民代表大会第五次会议上提出，要积极采取国家办学、群众办学、勤俭办学和勤工俭学三条办法和多种办学形式来加速中小学的发展，争取及早普及小学教育。1958 年 5 月，刘少奇在中央政治局扩大会议上所作的《我国应有两种教育制度、两种劳动制度》中指出："学生中间、青年中间强烈地要求升学，要求多读书。我看，这个要求是正当的，国家应该想法子，创造条件，尽可能地满足他们的升学要求。我们国家不怕知识分子多，不怕学校多，而怕学校太少了。当然有个经费问题，办那么多学校，国家拿不出那么多钱。此外，还有不少的家庭不能供给所有的子女都读完中学和大学。"他主张"搞半工半读。我想我们国家应该有两种主要的学校教育制度和两种工厂农村的劳动制度"。在学校，"一种是八小时工作的劳动制度，一种是四小时工作的劳动制度。其它还有夜校、业余学校、函授学校等等，那也是需要的"。① 1959 年 11 月，陆定一在全国文教书记会议上指出，要两条腿走路："一条腿是全日制，第二条腿包括半日制、业余、工厂办学、公社办学、函授学校等"。"两条腿走路的方针不要同双轨制混为一谈。双轨制中有一条轨是绝路，学到那个程度就不让再升学了。我们两条腿不是双轨制，是可以转学的，业余学校可以全日、半日制，半日制也可以转业余。""第二条腿要大发展，越是高等学校，业余的腿可能发展得越大，比全日制大得多。在招考学生等方面要一视同仁，都可以报考，只要及格就能录取。这样，才能使学生成分更多改变，工农成分更多。"②"两条腿走路"的方针使工农群众在教育类型上有了更多选择，在教育层次上有了很大提高。1964 年 8 月，中共中央在《关于发展半工(耕)半读教育制度问题的批示》中指出，1958 年教育改革，各地办了很多半工半读、半农半读的学校。1959 年以后，由于经济困难，同时由于对这种新型学校的认识不足，"因此，许多半工半读、半农半读的学

---

① 何东昌. 中华人民共和国重要教育文献(1949—1975)[M]. 海口：海南出版社，1998：834.

② 何东昌. 中华人民共和国重要教育文献(1949—1975)[M]. 海口：海南出版社，1998：930.

校大批垮台了，或者取消了，或者改为全日制学校了。只剩下少数坚持下来了。这些坚持下来的半工半读、半农半读的学校，虽然数量是少的，但是它们代表了我们今后教育发展的方向，因而是十分重要的。""发展和办好半工半读的学校，从当前来说，可以减轻国家和学生家庭的经济负担，有利于多快好省地普及教育，最大限度地满足广大青少年，特别是贫下中农子女的学习要求。"①为贯彻两条腿走路方针，国家还要求采取其他多种形式办学，如办简易学校、业余学习等，以满足群众子女入学的要求。1964年1月，《人民日报》发表社论《办好农村简易小学》，社论指出，目前国家或生产队还不可能大量地增设更多的全日制小学，要吸收农村全部学龄儿童入全日制小学也还有一定的困难。特别是在一些人口稀少、居住分散的偏僻山村，办全日制小学有很多不便。在这种情况下，应该采取能者为师的办法，就地聘请一些回乡知识青年或民校教师，加以必要的训练，办一些简易小学，才能切实可行地解决贫下中农子女的上学问题。②1964年10月，共青团中央书记处在《关于组织农村青少年学习问题的一些意见》中指出，要大力组织业余学习，业余学习群众负担轻，花钱少，不误工，广大贫下中农困难户的子女也有可能学习。"学习时间和组织形式灵活机动，便利群众。因此，业余学习是广大人民群众特别是贫下中农最受欢迎的办法。""各种形式的业余学习，从广义上说，也是一种半耕半读。"③灵活多样的办学形式，为广大工农子女创造了学习条件，提供了多种学习的途径。据统计，1958年的大中小学人数都比1957年增长了70%左右。

在采取多种形式大力发展教育事业，从而让更多的人有接受教育机会的同时，如何提高教育的质量，给广大人民群众以高质量的教育，为国家

---

① 何东昌. 中华人民共和国重要教育文献（1949—1975）[M]. 海口：海南出版社，1998：1329-1330.

② 何东昌. 中华人民共和国重要教育文献（1949—1975）[M]. 海口：海南出版社，1998：1248.

③ 何东昌. 中华人民共和国重要教育文献（1949—1975）[M]. 海口：海南出版社，1998：1334.

的经济和建设服务，该问题越来越受到党和国家的重视。1958 年 4 月，邓小平在中共中央书记处关于教育工作会议的讲话《办教育一要普及，二要提高》中指出，目前教育方面要解决的问题，主要是普及与提高的问题，我们的方针是，一要普及，二要提高，两者都不能偏废。我们在任何时候都要坚持两条腿走路，做到普及基础上的提高和在提高指导下的普及。讲话还指出，职业中学搞半工半读是肯定的，对一般学校要给学生参加劳动的机会。城市中学的学生年龄小，又没有更多门路，不可能实行半工半读。个别学校如果有条件能够做到半自给或者自给的，也可以搞，但不要影响学生的学习。总之，学校要保证提高教学质量。① 1958 年 4 月 15 日，陆定一在全国教育工作会议上指出，我们的教育既要普及，又要提高。"现在要大量普及，一部分提高。普及是大量的，同时国家办的学校要注意提高，这一部分不提高，将来要提高就困难。普及是最大量，国家用最少的钱，使最多的人受到各级各种的教育……另一方面是提高。现有的国家办的普通学校，要着重提高教学质量。这些学校只搞勤工俭学，不要搞半工半读，也不要勉强争取自给或半自给。以后国家还要多出些钱，多办些普通学校。我们要大量普及，一部分提高。这是两条腿走路，不是一条腿走路。这是不是不平等呢？现在不平等就是为着将来平等。"② 这就是说对半日制、业余学校来说，主要担负着普及教育的任务，而对于国家办的全日制学校来说，重点在提高。虽然一部分学校的提高对另一部分学校来说有某种程度的不平等，但一部分的提高可以带动整体的提高，其最终目的是为了将来整体在更高程度的普及和平等。

1959 年 4 月，周恩来总理在第二次全国人民代表大会第一次会议上所作的《政府工作报告》指出，我们必须特别注意提高各类学校的教学质量。去年一年，各级学校都有了很大的发展，现在需要在这个发展的基础上进

---

① 何东昌. 中华人民共和国重要教育文献（1949—1975）[M]. 海口：海南出版社，1998：820-821.
② 何东昌. 中华人民共和国重要教育文献（1949—1975）[M]. 海口：海南出版社，1998：820-821.

行整顿、巩固和提高。在各级全日制的正规学校中，应当把提高教学质量作为一个经常性的基本任务，而且应当首先集中较大力量办好一批重点学校，以便为国家培养更高质量的专门人才，迅速促进我国科学文化水平的提高。当时北京大学等 16 个高等学校被指定为全国重点学校。

1959 年 5 月，《中共中央、国务院关于整顿一九五八年新建的全日制和半日制高等学校的通知》中又决定对新建的高等学校进行一次调整、整顿和提高的工作，对一些基础薄弱的学校进行调整合并。在当时经济条件下，对"提高"的强调是以牺牲普及为代价的。在三年自然灾害时期，为了提高教育质量，强调办正规学校，压缩学校规模，削减了大批大、中、小学校，结果有些地方对中、小学撤点过多，使很多学龄儿童失去了入学的机会，引起了群众的不满。为此，1963 年 12 月 17 日，教育部转发河南省委宣传部所批转的《关于农村小学要更多地吸收贫下中农子女入学问题的两个文件》中指出，要"勤俭办学，节约开支，想尽一切办法减轻学生经济负担，适应目前农村经济情况和农民负担能力，克服由于片面强调整齐、划一、正规、美观而造成学生经济负担能力过重现象，这是当前农村小学教育工作上的一个极为重要的问题"。这些要求是为了扭转由于过分强调正规全日制学校建设带来的普及教育的被动局面以及消极影响。由于过分强调办正规学校，提高办学规格，压缩学校规模，势必造成广大群众不满情绪。因此原本着意于化解数量和质量、提高与普及之矛盾，兼顾正规全日制学校和半工(农)半读学校的"两种教育制度"的措施，非但没有达到预期目的，反而加剧了两者的矛盾，从另一个方面造成了教育的不平等。但值得注意的是，虽然 1959 年教育界提出"教育为无产阶级的政治服务"，强调贯彻"阶级路线"，着重扩大广大工农群众及其子弟的受教育权，但这一时期对于剥削阶级及其子女的教育也没予以过分限制。

(2)"文化大革命"时期

1966 年，一场由领导者错误发动，被反革命集团利用，给党、国家和人民带来严重灾难的内乱"文化大革命"爆发。在教育事业中，追求社会的教育化和教育的社会化(即"大学校"观),教育机会均等——教育面向工农兵尤其是占人口大多数的农民,教育为政治斗争服务,教育与生产劳动相结合,学生半工半读和勤工俭学,走知识分子与工农兵相结合的道路。推进教育公平自然成为"文化大革命"和"教育革命"的主要任务之一,具体内容有"五七指示"和"大学校"观,"社来社去"——从教育机会均等到教育结果的平等和取消考试,采取推荐与选拔相结合的办法,坚持广大工农子女的教育优先权。

"文化大革命"给教育事业带来的恶果是巨大的。任何社会里,教育发展的规模、速度,教育培养目标、培养方法、招生条件等都要受社会生产力和科技水平与政治、经济等多方面因素制约,脱离或超越客观现实就会遭到现实惩罚。超越当时历史的条件,不顾客观实际,为公平而公平的结果带来的不仅是低质量的教育公平,还给国家的教育事业、给国家的现代化建设造成巨大损失,影响了社会主义建设事业的顺利进行。教育作为社会活动的一部分,有其内部运行的客观规律性,只有全面认识和尊重这个规律性,才能使教育事业得到健康的发展,也才会更有效地推进教育的公平。

4. 改革开放后教育公平思想的发展和创新(1978—　)

1978 年 12 月,中共十一届三中全会召开,做出了党和国家工作重心向以经济建设为中心的社会主义现代化建设转移和改革开放的战略决策。这时期对教育的关注从政治功能转向经济功能,教育方针则由"为无产阶级政治服务"变成"为社会主义建设服务"。此时教育公平理念经历了两个阶段:改革开放后到 20 世纪末、21 世纪以来。

1978 年改革开放后,国家重新确定起尊重知识、尊重人才的价值观,确立起知识分子的社会地位,重新建立起以考试制度为核心、以学习能力为标准的公平竞争的制度环境,使建立在血统、家庭出身上的教育歧视不复存在,每个人都享有根据自己的能力接受不同级别教育的机会。

1977 年 8 月,邓小平在主持教育工作后的第一次科学和教育工作座谈会上提出，要下决心恢复从高中毕业生中直接招考学生，不再搞群众推荐，"我看这是早出人才、早出成果的一个好办法"。① 国务院批转了教育部《关于1977年高等学校招生工作的意见》，《意见》指出要采取强有力的措施，切实把优秀青年选拔上来，强调在自愿报名的基础上，认真进行文化考试，择优录取，以此努力提高招考新生的质量，适应社会主义革命和建设事业发展的需要。《意见》指出，考生应具有高中毕业或相当于高中毕业的文化水平。应届高中毕业生中招收的人数约占招生总数的百分之二十到百分之三十。《意见》还指出，要坚持抵制和纠正不正之风，对群众揭发走后门的问题，一定要及时调查了解，情况属实，坚决不予录取，已入学的要退回原单位。1978年6月，国务院批转教育部《关于1978年高等学校和中等专业学校招生工作的意见》，要求进一步改革高等学校招生制度，自本年起，不再限定录取应届高中毕业生的比例，实行全国统一命题，分文、理两科进行统一考试，按考试成绩分段择优录取。② 全国统一考试对教育公平起着巨大促进作用，使得那些非劳动人民及其子女摆脱家庭出身与政治身份的束缚，也能够防止权力和金钱渗入教育领域。后来高考制度虽然也出了一些新的问题，但瑕不掩瑜，事实上这种制度仍然是选拔人才相对公平的手段。通过分数面前的人人平等，重新恢复了全体人民平等的教育权利。自此以后中国开始进入以平等权利为基础、以个人活力为特征的市场化发展阶段。

新的发展机遇中，对教育公平的关注马上就被发展科学技术、赶超型战略、实现现代化的国家目标所压倒。在教育的普及与提高、公平与效益之间，显然更强调提高，突出效益。教育重新建立起以精英教育和科学技术教育为重的价值观，突出表现是恢复重点学校制度。1977年8月，邓小平在《关于科学和教育工作的几点意见》中再次提出，要在大专院校中先集

---

① 何东昌. 中华人民共和国重要教育文献（1949—1975）[M]. 海口：海南出版社，1998：1575.

② 何东昌. 中华人民共和国重要教育文献（1949—1975）[M]. 海口：海南出版社，1998：953.

中力量办好一批重点院校。重点院校除了教育部要有以外，各省、市、自治区和各个业务部门也要有一点。① 1978 年 2 月，国务院转发教育部《关于恢复和办好全国重点高等学校的报告》指出，恢复重点高校是为了提高教学质量，适应社会主义革命和建设的需要。恢复和办好全国重点高等学校是一项战略性措施，对于推动教育战线的整顿工作，迅速提高高等教育水平，尽快改变教育事业与社会主义革命和建设严重不适应的状况，是十分必要的。1984 年，北京大学等 10 所高校作为重点高校列入国家重点建设项目。1993 年，国务院批准的、1995 年开始启动的"211"工程将 100 所左右的高校和一批重点学科作为重点建设项目，进行重点投资和建设。1998 年 5 月，教育部决定启动"985"工程，在实施"面向 21 世纪教育振兴计划"中重点支持北京大学、清华大学等部分高等学校创建世界一流大学和高水平大学。这一时期教育发展的指导思想是承认差距，发挥优势不搞平均发展。1980 年 5 月，教育部印发的《关于中央书记处对教育工作指示精神的传达要点》指出，教育要从中国的实际出发，中国的实际是：第一，中国不提高教育水平，"四化"搞不成；第二，中国有 10 亿人口，经济不发达、不平衡、齐头并进提高教育水平不可能。因为教育的发展是受经济水平制约的，在一定时期内，要下决心承认不平衡，条件好的地区要把教育搞好，落后地区就不能要求很高。大城市和小城市不同，城市和农村不同，沿海和内地不同，先进地区和落后地区不同，要把重点抓好。教育经费的投入和师资要集中，把先进地区先搞上去。平均要求，则什么都搞不上去。②

　　重点学校制度为国家社会经济的发展培养了大批人才，为国家和社会发展做出了积极的贡献。由于重点学校享受了特殊的政策及其他优势，对原本有限的教育资源进行垄断性竞争，使得一部分学校失去了竞争性，从

---

　　① 何东昌. 中华人民共和国重要教育文献（1949—1975）[M]. 海口：海南出版社，1998：1575.

　　② 何东昌. 中华人民共和国重要教育文献（1949—1975）[M]. 海口：海南出版社，1998：1813.

而加剧了学校之间的两极分化。重点学校学生的教育条件明显优于一般学校的学生，人为拉大了学生间受教育水平的差距。重点学校准入并不能保持统一的入学标准，权力和金钱有时取代了质量标准，造成学生入学机会的不平等，并带来了"择校热""高收费"等不良后果，损害了一部分人平等接受教育的权利，引起广大人民群众的不满。

因此，教育部相继出台了一系列文件，文件多次指出要采取多种形式加强薄弱学校的建设，合理配置教育资源，逐步实现"平等受教育"机会。1985 年 3 月，教育部在《关于印发长春等五市初中招生制度改革材料的通知》中指出，当前，特别要注意搞好薄弱学校的调整、整顿、充实、提高工作。在普及和基本普及初中的地方，应首先进行改革小学升初中的招生考试制度。凡按当地学籍管理规定准予毕业的小学生，即可就近入初中学习。就近入学，使得各中学都可以招收一定数量品学兼优的学生，有利于改善薄弱学校的生源状况，有利于缩小校际差距。1995 年 6 月，国家印发《加强薄弱普通高级中学建设的十项措施(试行)》，指出要积极采取有效措施，加大薄弱高中的经费投入。要制定优惠政策，切实解决薄弱高中经费严重不足的困难。"各地政府和教育行政部门要提高认识，把加强薄弱高中建设的工作与建设示范性高中的工作放到同等重要的位置去抓。"[1]1997 年 1 月，国家颁发了《关于规范当前义务教育阶段办学行为的若干原则意见》，指出"凡适龄儿童、少年都有接受义务教育的权利，国家、社会、学校和家长应充分予以保障"。要"坚持义务教育免收学费、就近入学及平等受教育的原则。不得人为地加大校际在办学条件、生源上的差距。义务教育阶段公办学校不得招收择校生和变相择校生"。"义务教育阶段不设重点校、重点班、快慢班。""义务教育阶段公办中小学校均不得举办校中的民办校或校内的民办班。"[2]1997 年 9 月，国家教委主任朱开轩在全国中小学

---

① 何东昌. 中华人民共和国重要教育文献(1949—1975)[M]. 海口：海南出版社，1998：3840.

② 何东昌. 中华人民共和国重要教育文献(1949—1975)[M]. 海口：海南出版社，1998：4127.

素质教育经验交流会上指出，随着我国义务教育的普及，人民群众广泛地产生了希望接受高质量教育的需求，但由于薄弱学校的存在让家长不能放心，于是出现了择校的现象，加剧了应试竞争，加重了学生的压力和负担；同时，在客观上也可能进一步加大了学校间原本存在的办学条件和教育质量方面的差距。"当前要大力气解决的一项重要任务就是加强薄弱学校建设，提高所有学校办学水平和办学积极性。""在具体工作中，要求各级政府和教育行政部门，采取有效措施，增加对薄弱学校的经费投入，改善办学条件，充实领导班子，提高师资水平，并通过改革招生考试制度，改善薄弱学校生源。"①在一系列政策导向下各地纷纷采取措施，从师资队伍建设、基础设施配套、教学设备更新等方面改造薄弱学校以缩小校际办学差距。

　　1985 年 5 月，《中共中央关于教育体制改革的决定》提出，要把发展基础教育的责任交给地方，有步骤地实行九年制义务教育，为此，需要制定义务教育法。② 1986 年 4 月，第六届全国人民代表大会第四次会议通过的《中华人民共和国义务教育法》第二条规定："国家实行九年制义务教育。"第四条规定："国家、社会、学校和家庭依法保障适龄儿童、少年接受义务教育的权利。"第五条规定："凡年满六周岁的儿童，不分性别、民族、种族，应当入学接受规定年限的义务教育。"第十条规定："国家对接受义务教育的学生免收学费。国家设立助学金，帮助贫困学生就学。"第十一条规定："禁止任何组织或者个人招用应该接受义务教育的适龄儿童、少年就业。"③这一系列政策的实施，有力推动了义务教育的普及工作，到 2000 年我国基本实现了普及九年义务教育的目标。义务教育的基本普及，使得我国适龄儿童都有学可上。

---

　　① 何东昌. 中华人民共和国重要教育文献(1949—1975)[M]. 海口：海南出版社，1998：4256.

　　② 何东昌. 中华人民共和国重要教育文献(1949—1975)[M]. 海口：海南出版社，1998：2286.

　　③ 何东昌. 中华人民共和国重要教育文献(1949—1975)[M]. 海口：海南出版社，1998：2415.

在非义务教育阶段，随着国家收费制度的实行，许多学生面临上不起大学的困境。为此，党和国家出台了相关政策并采取多种措施资助贫困大学生。针对公办高等贫困家庭学生，我国近年来已经基本建立以奖学金、学生贷款、勤工助学、特殊困难补助和学费减免为主体的、多元化的资助政策体系。1987年7月，国务院、财政部、国家教委(教育部)、国家计委等单位先后颁发了《普通高等学校本、专科学生实行奖学金制度的办法》《普通高等学校本、专科学生实行贷款制度的办法》《关于对高等学校生活特别困难学生进行资助的通知》《关于在普通高等学校设立勤工助学基金的通知》《关于调整普通高等院校学杂费问题的通知》《关于对普通高等学校经济困难学生减免学杂费有关事项的通知》等多份文件，规定国家设立奖学金，对品学兼优的学生实行奖励；对部分家庭经济确有困难无力解决在校学习期间的生活费用的学生，由国家提供无息贷款；对生活特别困难的学生，各高校可根据困难的程度减免其学杂费；各校必须优先安排家庭经济困难的特困生参加勤工助学，从而使得家庭经济困难的学生，尤其是特困生得到有效资助，以完成学业。① 教育部还要求各高校建立"绿色通道"制度，即对被录取的经济困难新生一律先办理入学手续，然后再根据核实后的情况分别采取资助措施，确保每一位新生都能顺利入学。除此之外，社会各界开展了多种形式的助学活动，如"希望工程""春蕾计划""安康计划""山区儿童助学计划""城乡少年手拉手助学活动""西部地区助学活动""扶残助学活动"等。多元化资助政策体系的建立，使得贫困学生可通过接受多种渠道资助完成学业，大大缩小了由于阶层差距的不公，有效促进教育公平的逐步实现。

改革开放后，国家在政策上向东部沿海地区倾斜，使得国家经济发展产生出极大的地区不均衡，东部沿海地区发展迅速，而西部边远地区发展落后。经济落后必然带来教育发展的相对滞缓。为缩小东西部教育差距，

① 何东昌. 中华人民共和国重要教育文献(1949—1975)[M]. 海口：海南出版社，1998：3638.

国家实施了一系列扶持和帮助政策。1991年1月，李铁映在国家教委1991年工作会议上指出，对经济落后的边远山区、少数民族聚居地区，国家要采取扶持政策。经济和教育发达的地方，要积极给它们以各种形式的支持，促进它们逐步提高教育普及的程度，努力缩小同发达地区在教育上的差别。为了切实帮助贫困地区发展教育，国家启动了"贫困地区义务教育工程"。1995年6月，财政部、国家教委印发了《中央义务教育专款（增量部分）使用管理办法》，决定增拨专款用于"贫困地区义务教育工程"。两期工程实施使得贫困地区办学条件逐步得到改善，使得很多家庭经济困难而辍学的适龄儿童、少年回到了学校。2000年4月，教育部、中组部、人事部、财政部、国家计委、国务院扶贫开发领导小组等六部门联合下发《关于东西部地区学校对口支援工作的指导意见》，正式启动"东部地区学校对口支持西部贫困地区学校工程"和"西部大中城市学校对口支持本省（自治区、直辖市）贫困地区学校工程"（以下简称"两个工程"）的实施工作。这项工作旨在促进贫困地区义务教育的普及和教育教学质量的提高，缩小东西部地区教育水平的差距，着重在基础教育方面为西部大开发提供支持。

党的十六大后，党中央提出要牢固树立和落实科学发展观，按"五个统筹"要求推动经济社会全面协调可持续发展，构建社会主义和谐社会。社会主义和谐社会，应该是民主法治、公平正义、诚信友爱、充满活力、安定有序、人与自然和谐相处的社会，必须注重社会公平，正确反映和兼顾不同方面群众的利益，切实维护和实现社会公平和正义，要坚持把教育摆在优先地位，保障教育公平。2008年《政府工作报告》提出，要更加重视改善民生和促进社会和谐，推进社会主义经济建设、政治建设、文化建设、社会建设，加快全面建设小康社会进程。教育对提高全体国民素质有重要作用，自然要把教育发展摆在优先发展的战略地位，把教育公平作为社会公平的重要内容和构建和谐社会的主要目标。党的十七大报告明确提出："教育是民族振兴的基石，教育公平是社会公平的重要基础。"温家宝在2007年《政府工作报告》中指出，教育是国家发展的基石，教育公平是重要的社会公平。实现教育公平的有效渠道是坚持把教育放在优先发展的战略地位，加快各级各类教育发展。优先发展教育的总体布局是，普及和巩固义务教育，加快发展职业教育，着力提高高等教育质量。

党的十六大后，教育公平作为制定教育政策的基点被确立起来，教育政策已成为政府公共政策的重要内容。2007年《政府工作报告》中温家宝总理宣布为了促进教育发展和教育公平，国家将建立健全国家奖学金、助学金制度，同时进一步落实国家助学贷款制度，建立教育部直属师范大学师范生免费教育制度。2008年3月，温家宝总理在《政府工作报告》中再次提出，坚持优先发展教育，一是在全国城乡普遍实行免费义务教育。继续增加农村义务教育公用经费，提高保障水平，适当提高农村家庭经济困难寄宿生生活费补助标准。认真落实保障经济困难家庭、进城务工人员子女平等接受义务教育的措施。在试点基础上，从今年秋季起全面免除城市义务教育学杂费，这是推动义务教育均衡发展、促进教育公平的又一重大措施。具体来说，教育公平政策主要落实在农村教育、义务教育、完善国家资助贫困学生政策和制度、规范管理教育这几个方面。

2003年1月，胡锦涛在中央农村工作会议上指出，为了实现十六大提出的全面建设小康社会的宏伟目标，必须统筹城乡经济社会发展，更多地关注农村，关心农民，支持农业，把解决好农业、农村和农民问题作为全党工作的重中之重，放在更加突出的位置。2003年9月，新中国成立以来第一次全国农村教育工作会议召开，会议出台《关于进一步加强农村教育工作的决定》，明确农村教育在全面建设小康社会中的重要地位，把农村教育作为教育工作的重中之重。"农村教育面广量大，教育水平的高低关系到各级各类人才的培养和整个教育事业的发展，关系到全民素质的提高。""发展农村教育，使广大农民群众及其子女享有接受良好教育的机会，是实现教育公平和体现社会公正的一个重要方面，是社会主义教育的本质要求。""我国农村教育整体薄弱的状况还没得到根本扭转，城乡教育差距还有扩大的趋势，教育为农村经济社会发展的能力亟待加强，在新的形势下，要增加责任感和紧迫感，将农村教育作为教育工作的重中之重，一手抓发展，一手抓改革，促进农村各级各类教育协调发展。"会议做出了新增教育经费主要用于农村的重大决策，决心用更大的精力和更多财力，重点加强农村义务教育，深化农村教育改革，发展农村教育事业。会议还指出，要建立健全资助家庭经济困难学生就学制度，保障农村适龄青少年儿童接受义务教育的权利。到 2007 年，争取全国农村义务教育阶段和家庭经济困难学生都能享受到"两免一补"，努力做到不让学生因家庭经济困难而失学。2005 年 12 月，国务院印发了《关于深化农村义务教育经费保障机制改革的通知》，深化了农村义务教育经费保障机制改革，建立农村义务教育经费保障新机制，主要内容包括全部免除农村义务教育阶段学生学杂费，对贫困家庭学生免费提供教科书并补助寄宿生生活费；提高农村义务教育阶段中小学公用经费保障水平；建立农村义务教育阶段中小学校舍维修改造长效机制；巩固和完善农村中、小学教师工资保障机制。2006 年首先在西部地区农村实施免除义务教育阶段学生学杂费的政策，2007 年春季，免费义务教育推广到中部和东部，惠及全国农村。同时还在硬件建设方面采取许多具体措施，积极支持农村教育的发展，如启动了农村寄宿制学校建设工程、农村中小学现代远程教育工程等。

2006 年 6 月，第十届全国人民代表大会常务委员会第二十二次会议通过了新修订的《义务教育法》，决定实行免费的义务教育，将所需经费全面纳入公共财政保障范围，明确了各级政府举办义务教育的责任，同时对全面实施素质教育、促进义务教育均衡发展、提高义务教育质量等重大问题作了法律规定。法律颁布之后，各地加大了对农村和城镇薄弱学校的改造力度，有的建立起校际教师交流制度和教师轮换制度等，有些加大了对薄弱学校的改造力度，群众关心的择校问题也得到了一定的改善。这个法律成为我国教育公平有力的制度保障。

2001 年，国务院出台的《关于基础教育改革与发展的决定》提出，要重视解决流动儿童少年接受义务教育问题，以流入地区政府管理为主，以全日制公办中小学为主，采取多种形式，依法保障流动儿童少年接受义务教育的权利。2003 年 1 月，国务院办公厅印发了《关于做好农民进城务工就业管理和服务工作通知》，提出要保障农民工子女接受义务教育的权利，要求流入地政府应采取多种形式，接受农民工子女在当地的全日制公办中小学入学，在入学条件等方面与当地学生一视同仁，不得违反国家规定乱收费，对家庭经济困难的学生要酌情减免费用。2003年9月，温家宝总理在全国农村教育工作会议上指出，一定要让进城务工农民子女有书读，有学上，和城里孩子同在蓝天下共同成长进步。同月，国务院办公厅转发了教育部、中央编办、公安办、国家发改委、财政部、劳动保障部六部门《关于进一步做好进城务工就业农民子女义务教育工作的意见》，这是第一个以国务院办公厅名义转发的专门解决进城务工就业农民子女义务教育工作的文件。《意见》进一步明确进城务工就业农民子女义务教育工作是各级政府的共同责任；减轻进城务工就业农民子女教育费用负担，其收费要与当地学生一视同仁；制定具体政策减免困难学生的有关费用等。2006年5月，教育部《关于教育系统贯彻落实〈国务院关于解决农民工问题的若干意见〉的实施意见》再次指出，要保障农民工子女平等接受义务教育。农民工输入地教育行政部门要将农民工子女义务教育纳入当地教育规划之中，确保农民工子女义务教育的普及程度达到当地水平；要将家庭经济困难的农民工子女义务教育纳入"两免一补"的范围。教育部门要会同财政等部门，将农民工子女义务教育纳入教育经费预算，并按当地财政预算内义务教育经费标准，向接收农民工子女公办学校拨付办学经费。农村劳动力输出规模大的地方人民政府要将农村"留守儿童"教育工作与农村寄宿制学校建设结合起来，满足包括"留守儿童"在内的广大农民子女寄宿要求。2006年6月，新修订的《义务教育法》规定，父母或者其他规定的监护人在非户籍所在地工作或者居住地接受义务教育的，当地人民政府应当为其提供平等接受义务教育的条件。这一系列法律、法规和政策，为农民工子女接受义务教育提供了有效制度保障。

2004年8月，《中共中央、国务院关于进一步加强和改进大学生思想政治教育的意见》指出，要加强对经济困难大学生的资助工作，以政府投入为主，多方筹措资金，不断完善资助政策和措施，形成以国家助学贷款为主体，包括助学奖学金、勤工奖学金、特殊困难补助和学费减免在内的助学体系，帮助经济困难大学生完成学业。2007 年 3 月，温家宝在《政府工作报告》中提出，为了促进教育发展和教育公平，国家将采取两种重大措施：一是从当年新学年开始，在普通本科高校、高等职业学校和中等职业学校建立健全国家奖学金、助学金，为此中央财政支出将由上年 18 亿元增加到 95 亿元，2008 年将安排 200 亿元，地方财政也要相应增加支出；同时，进一步落实国家助学贷款政策，使困难家庭能够上得起大学，接受职业教育。二是在教育部直属师范大学实行师范生免费教育，建立相应的制度。2007 年 5 月，国务院公布了《关于建立健全普通本科高校、高等职业学校和中等职业学校家庭经济困难学生资助政策体系的意见》，指出国家建立健全家庭经济困难学生资助政策体系，使得家庭经济困难学生能够上得起大学，接受职业教育。《意见》决定从 2007 年秋季学期开学起，进一步建立健全我国家庭经济困难学生资助政策体系。6 月，财政部、教育部等有关部门又连续下发了 8 个配套实施办法，逐步健全了家庭经济困难学生资助政策体系。

在教育改革和发展的同时，教育乱收费现象一度蔓延。2005 年 2 月，国务委员陈至立在全国治理教育乱收费工作电视电话会议上指出，坚决治理教育乱收费，是贯彻"三个代表"重要思想，坚持立党为公、执政为民，维护广大人民群众切身利益的具体体现。要切实完善各级政府治理教育乱收费的目标责任制，落实各项治理措施；从严治教，切实完善教育、制度、监督并重的预防和治理教育乱收费的制度机制；依法加大教育投入，为彻底解决乱收费问题创造条件；坚持以人为本，加强薄弱环节，努力促进教育公平。2006 年 3 月，陈至立在全国治理教育乱收费部际联席会议上进一步指出，应把治理教育乱收费作为解决损害群众利益的一个突出问题，摆在政府和教育部门工作的位置上，切实抓紧抓好。同年 8 月，教育部长周济在教育部规范教育收费视频会议上再次强调，治理乱收费，关系到贯彻党的教育方针的大问题，关系到办好让人民满意的教育的大问题，对教育乱收费，一定要坚决治理。要从严治教，强化管理，要反复强调，乱收费就是一道"高压线"，既不能碰，也不准碰。6 月，他在《坚决治理城市义务教育乱收费 努力实现义务教育均衡发展》一文中指出，义务教育是国民教育和建设人力资源强国的基础工程。在农村义务教育经费保障机制改革取得重大进展的情况下，能不能尽快做好城市义务教育收费的规范工作，意义重大、责任重大。我们要充分认识到，做好这项工作，是认真实施《义务教育法》、推进义务教育均衡发展的重要任务，是切实促进教育公平、保障人民享有接受良好教育的机会的重大举措，是全面贯彻党的教育方针、进一步加强素质教育的迫切需要，也是让人民群众满意、建设社会主义和谐社会的具体体现。当前，要下大决心、下大气力坚决制止城市义务教育乱收费行为，从严治教，规范管理，力争在今年秋季开学时使城市义务教育收费工作得到基本规范。要坚持标本兼治、综合治理，建立和完善教育、制度、监督并重的惩治和预防乱收费的体系，努力形成治理城市义务教育乱收费的长效机制。在全国义务教育阶段学校全面推行"一费制"收费办法，在实施农村义务教育经费保障机制改革的地区，除按规定标准收取课本费、作业本费和寄宿生住宿费外，严禁出现"一边免费，一边乱收费"的现象。要进一步规范高等学校收费政策，高校学费和住宿费标准稳定在 2000 年水平上。对公办普通高中招收"择校生"，严格执行限人数、限分数、限钱数的"三限"政策。同时普遍建立教育收费公示和听证制度，广泛接受社会和群众监督。通过以上种种举措，教育乱收费现象得到有效遏制，人民群众对教育行风评价明显好转。

二、中国共产党领导下我国教育公平理念的主旨

1. 我国教育公平理念的历史地位

（1）我国教育公平思想是对马克思主义社会公平及教育学说的继承和发展

马克思主义把公平、公正的实现建立在科学基础上，指出社会不公根

源在于资本主义的剥削制度，只有变革资本主义制度才能实现社会的公平和正义；实现社会公平正义的基本条件就是整个社会实行生产资料公有制，解放和发展生产力，消灭工农之间、城乡之间、体力与脑力劳动之间的差别。任何社会的公平都不是抽象的、绝对的，而是相对的、具体的。而教育是推动无产阶级发展壮大的重要原因，受教育权问题与无产阶级历史命运有密切关系。只有人民群众在提高自己的文化素质和阶级觉悟后，才能改变社会条件，建立起社会主义、共产主义社会，因而首先必须争取人民群众受教育权。在此基础上，在未来的社会主义社会，在无产阶级取得受教育权后，要实现普及义务教育，对一切儿童实行免费的、公费的义务教育。

把推翻资产阶级的政权，消灭资本家私有制作为自己的奋斗纲领，把争取人民群众的受教育权作为革命斗争的基本任务之一；把教育的大力发展作为实现教育公平的基本条件，把各种资助政策和教育法律、法规作为实现教育公平的制度保障，这些都是中国共产党对马克思主义关于公平公正的社会理论和马克思主义教育学说的继承和发扬。

（2）教育公平思想是对我国历代领导人社会公平思想的继承

①毛泽东对社会公平理念的奠基性探索

公平是社会发展的永恒主题，努力实现社会公平是社会主义的重要原则和价值诉求。毛泽东在领导中国人民进行革命和建设的伟大进程中，始终把实现社会公平作为其奋斗目标。虽然他没有留下一篇专门论述公平问题的文献，但他曾针对中国社会特有的现状，对社会公平问题有过广泛而深入的探索。我们可以看见，在许多重要的文献中，都有他关于社会公平方面问题的经典论述。毛泽东的社会公平思想是毛泽东思想的重要组成部分，对中国革命以及中国社会主义建设与发展进程产生了深远影响。对于构建社会主义和谐社会，尤其有着重要的借鉴和启示意义。

首先，毛泽东注重农民在中国革命中的地位和作用。他认为应该实行土改，通过公平分配农村生产资料，实行农业合作化来克服农村的两极分化。毛泽东赞同孙中山"耕者有其田"的思想，要求党和革命武装力量没收地主的土地，分给没地或少地的农民。他认为，社会主义新中国的成立，广大民众应该是均等、均富，革命的目的就是为了推翻旧制度，建立社会主义新制度，使贫苦农民梦想平等、自由，摆脱贫困、丰衣足食的社会愿望成为现实，两极分化是社会主义不能容许的。他在《组织起来》一文中指出："克服这种状况的唯一办法，就是逐渐地集体化；而达到集体化的唯一道路，依据列宁所说，就是经过合作社。"①如果"不给小农经济指出社会主义改造这一条正确的光明的和广阔的出路，那就一定会发展到放弃社会主义在农村的阵地，帮助农村资本主义自发势力的生长"。②

值得注意的是，毛泽东还较早注意到平均主义的危害，并对之进行了批判。1927年毛泽东在《关于纠正党内错误思想》的讲话中就提出要纠正绝对平均主义的错误。1942年他又指出绝对平均主义是小资产阶级空想社会主义，是不可能实现的。

其次，毛泽东关注人民基本权利的保障，重视劳动者参与管理的权利，还特别关心和重视性别平等及妇女基本权利的保障。1922年5月1日纪念国际劳动节时，毛泽东在湖南《大公报》上载文，呼吁社会各界"请注意到劳工的三件事：一、劳工的生存权，二、劳工的劳动权，三、劳工的劳动全收权"。"一个人在'老''少'两段不能做工的时候应该都有一种取得保存他生命的食物的权利，这就是生存权。""一个人在十八以上六十以下有气有力的时候，除开他自己发懒不做工可以让他饿死不算数外，在理都应该把工给他们做，工人就有种要求做工的权利。若是工人有力而社会无事可以买他的力事实上工人不得不'赋闲'时，社会就应该本着罪不在工人的理由而给与他们平常的工资，这就是劳动权。工人做的东西应该完全归工人自己，这就是劳动全收权。"③因此，毛泽东在陕甘宁边区施政纲领中明确了人民的权利包括："保证一切抗日人民（地主、资本家、农民、工

---

① 毛泽东选集：第3卷[M]. 北京：人民出版社，1991：931.
② 建国以来重要文献选编：第4册[M]. 北京：中央文献出版社，1993：664.
③ 毛泽东文集：第1卷[M]. 北京：人民出版社，1993：8-9.

人等)的人权，政权，财权及言论、出版、集会、结社、信仰、居住、迁徙之自由权。"①另外，他特别指出，劳动者应当有管理国家、管理军队、管理各种企业、管理文化教育的权利。

在《湖南农民运动考察报告》中，毛泽东特别针对妇女明确提出："妇女要同男子一样，有自由，有平等。""就是女子有办事之权，开会之权，讲话之权，没有这些权利，就谈不上自由平等。"②

再次，毛泽东十分注重社会教育机会公平，注重大众教育和反对教学特权。毛泽东对于国人的文化程度有一个基本的估计，认为占人口 10% 左右的"地主、富农、城市资产阶级和知识分子，中国有文化的主要是这一部分人。还有百分之十左右的人是识字的，就是上层小资产阶级和富裕中农。百分之八十的人过去都是文盲"。③因此，如何提高广大人民群众的文化水平为毛泽东高度关注和极为重视。针对我国大众教育的不发达，毛泽东指出："现在我国不仅有许多到了学习年龄的儿童没有学校可进，而且还有一大批超过学龄的少年和青年也没有学校可进，成年人更不待说了。这个严重的问题必须在农业合作化的过程中加以解决，也只有在农业合作化的过程中才能解决。"④他进一步要求，在制定农业合作社规划中要做好安排。"还有什么规划呢？还有文化教育规划，包括识字扫盲，办小学，办适合农村需要的中学，中学里面增加一点农业课程，出版适合农民需要的通俗读物和书籍，发展农村广播网、电影放映队，组织文化娱乐等等。……在整个规划里面都要有这些部分。"⑤毛泽东非常反对教育上的特权，对于带有特权色彩的教育很敏感，很警惕。新中国成立之初，毛泽东就提出："干部子弟学校，第一步应划一待遇，不得再分等级；第二步，废除这种贵族学校，与人民子弟合一。"⑥

---

① 毛泽东文集：第 2 卷[M]. 北京：人民出版社，1993：335.
② 毛泽东文集：第 2 卷[M]. 北京：人民出版社，1993：169，171.
③ 毛泽东文集：第 8 卷[M]. 北京：人民出版社，1999：214-215.
④ 毛泽东文集：第 6 卷[M]. 北京：人民出版社，1999：455.
⑤ 毛泽东文集：第 6 卷[M]. 北京：人民出版社，1999：475.
⑥ 毛泽东文集：第 6 卷[M]. 北京：人民出版社，1999：232.

最后，毛泽东强调通过共同富裕来实现社会公平。毛泽东对社会主义的追求，包含着对富裕的追求。在毛泽东看来，富裕是社会主义的必然伴生物。正如美国学者特里尔所说的："在毛看来，富裕和社会主义是一枚硬币的两面。"① 毛泽东指出，共产党领导农民走社会主义道路，就是要"使农民群众共同富裕起来，穷的要富裕，所有农民都要富裕"。② 要把社会主义制度的合理性与经济发展、生产力进步联系在一起，他说："我国现在的社会制度比较旧时代的社会制度要优胜得多。"③

毛泽东认为，革命胜利后的形势要求党带领农民走共同富裕的道路。通过什么手段呢？这就是实现农业合作化。"只要合作化了，全体农村人民会要一年一年地富裕起来"，④ "现在我们实行这么一种制度，这么一种计划，是可以一年一年走向更富更强的，一年一年可以看到更富更强些。而这个富，是共同的富，这个强，是共同的强，大家都有份，也包括地主阶级"。⑤ 毛泽东更是初步提出实现共同富裕的概略时间表："我们准备在几年内……使农业得到发展，使合作社得到巩固……使农村中没有了贫农，使全体农民达到中农和中农以上的生活水平"，估计"要有几十年时间，经过艰苦的努力，才能将全体人民的生活水平逐步提高起来"。⑥

毫无疑问，社会主义制度的确立，使我国具备了实现社会公平的坚实的制度基础。正是在毛泽东社会公平思想的基础上，中国共产党不断深化对社会公平问题的认识，为今天和谐社会的构建与社会公平的维护奠定了良好的基础。

②邓小平对社会公平理念的历史性开拓

邓小平对社会公平最伟大的探索是将社会公平从理想拉回到现实，建立了适应社会主义初级阶段的社会公平观，即"效率优先、兼顾公平"。

---

① 特里尔. 毛泽东传[M]. 石家庄：河北人民出版社，1990：297.
② 建国以来重要文献选编：第7册[M]. 北京：中央文献出版社，1993：308.
③ 毛泽东文集：第7卷[M]. 北京：人民出版社，1999：214.
④ 建国以来重要文献选编：第7册[M]. 北京：中央文献出版社，1993：308.
⑤ 毛泽东文集：第6卷[M]. 北京：人民出版社，1999：495.
⑥ 毛泽东文集：第7卷[M]. 北京：人民出版社，1999：222，221.

其以"效率优先"为前提，使新生的社会主义制度具备高速发展生产力的条件，并在这个基础上逐步实现全体人民的共同富裕，由经济公平到政治公平、社会公平，直到实现更加美好的共产主义。

邓小平认为我国正处于社会主义的初级阶段，生产力落后，人民的生活还很贫穷，这种国情决定了社会主义初级阶段的根本任务是发展生产力，以牺牲经济增长去追求公平分配就我国现阶段来说是不合适的。生产力决定生产关系，经济基础决定上层建筑，离开生产的发展一切无从谈起，更不会有真正意义上的公平。邓小平反复强调指出，贫穷不是社会主义，发展太慢也不是社会主义，社会主义原则，第一是发展生产，第二是共同富裕，邓小平认为社会主义的本质是"解放生产力，发展生产力，消灭剥削，消除两极分化，最终达到共同富裕"。① 在邓小平的社会主义本质观中，包含着建设社会主义的目的和实现这一目标的途径。目标是共同富裕，即使全体劳动人民过上幸福美好的生活。实现这一目标的基本途径是解放和发展生产力。

"效率优先、兼顾公平"内涵包含几个方面。首先，效率优先是前提条件。邓小平认为，效率既指经济工作的效率，也指整个社会系统的效率。经济工作的效率，既指宏观的资源有效配置的效率，也指微观的劳动生产率。邓小平说："国家这么大，这么穷，不努力发展生产，日子怎么过？我们人民的生活如此困难，怎么体现出社会主义的优越性？"②邓小平把发展速度看成一个经济问题，还把它作为一个能否体现社会主义优越性，保持国内稳定和提高中国国际地位的政治问题来考虑。他强烈要求我们"要掌握和发展现代科学文化知识和各行各业的新技术新工艺，要创造比资本主义更高的劳动生产率，把我国建设成为现代化的社会主义强国"。③ 在社会效率方面，他强调："搞四个现代化不讲工作效率不行。现在的世界，人类进步一日千里，科学技术方面更是这样，落后一年，赶都难赶上。所

---

① 邓小平文选：第 3 卷[M]. 北京：人民出版社，1993：373.
② 邓小平文选：第 3 卷[M]. 北京：人民出版社，1993：10.
③ 邓小平文选：第 2 卷[M]. 北京：人民出版社，1994：104.

以必须解决效率问题。"①在他眼里，效率是速度和效益的统一，只有高速度与高效益的统一，才是真正的高效率。

其次，强调兼顾公平。邓小平把公平和效率的统一上升到社会主义本质的高度，反对割裂两者之间的关系，或片面强调一方，忽视和否定另一方，因为离开效率的公平只能是"共同贫穷"，不讲公平最终也必将失去效率。另外，他也反对将两者无条件地等同起来。他用唯物辩证法的基本观点，深刻分析了公平与效率的关系，指出在效率和公平这个统一体中，效率是矛盾的主要方面，在解决公平和效率的关系问题上，必须把效率放在优先的地位，在效率优先的前提下，兼顾公平。

具体实践途径上，邓小平提出的允许一部分地区、一部分企业、一部分工人农民，由于辛勤努力，成绩大而收入先多起来、生活先好起来的政策，正是为了通过有效的激励，提高生产活动和经济活动的效率，实行"按劳分配"的分配原则，"多劳多得、少劳少得"，允许人们的收入有合理的差距，这才是真正的公平。他主张依靠经济体制改革，建立社会主义市场经济。通过生产力的发展、经济的发展，在更高层次的水平上实现公平。"社会主义的第一个任务是要发展社会生产力。一九四九年取得全国政权后，解放了生产力，土地改革把占人口百分之八十的农民的生产力解放出来了。但是解放了生产力以后，如何发展生产力，这件事做得不好。主要是太急，政策偏'左'，结果不但生产力没有顺利发展，反而受到了阻碍。"②社会主义不是简单的平均主义。市场经济是目前为止最有效率的经济体制，而社会主义是最具有优越性的社会制度，二者的结合为效率与公平的关系提供了新的内涵。

在保障社会公平方面，邓小平有三点思想主张。一是一再强调必须保持公有制经济在整个国民经济的主导地位，以及按劳分配在社会主义财富分配制度中的主导地位，这实质上就是要从经济制度上保证不出现过大的

---

① 邓小平文选：第 3 卷[M]. 北京：人民出版社，1993：179-180.
② 邓小平文选：第 3 卷[M]. 北京：人民出版社，1993：227.

两极分化。"社会主义的目的就是要全国人民共同富裕，不是两极分化。如果我们的政策导致两极分化，我们就失败了。"①二是为了保障基本的社会公平，防止两极分化的扩大，邓小平在提出允许一部分人先富起来的大政策的同时，又强调政府要通过微观调控手段控制贫富差异的扩大，通过"第二次分配"来平衡不同的地区、单位和个人之间的利益关系，逐步缩小人们收入的差距，同时还强调先富起来的地区、单位和个人要帮助后富的地区、单位和个人。"一部分人生活先好起来，就必然产生极大的示范力量，影响左邻右舍，带动其他地区、其他单位的人们向他们学习。这样，就会使整个国民经济不断地波浪式地向前发展，使全国各族人民都能比较快地富裕起来。"②三是为保障基本的社会公平，防止两极分化的扩大，邓小平还主张要坚决打击一切非法致富的行为。他提出要通过深化改革、堵塞体制上和政策上的漏洞，以优化市场经济秩序，防止一切非法致富现象的蔓延。

邓小平认为，社会公平的实现是一个具体的、历史的过程，实现共同富裕是社会主义所追求的社会公平的根本目标。要实现这一目标，就要经历一个先富带后富，最后达到共同富裕这样一个过程。社会公平是具体的、历史的，社会公平的实现不可能一蹴而就，我们只能尽可能做到公平、公正，但不能保证百分百的绝对的公平。因为目前我国还处于社会主义初级阶段，还存在许多的问题，如东西差距的拉大、城乡二元结构、教育资源分配的不合理等，创建出绝对的公平的条件和机会还需要很长时间，需要在社会实践的发展中逐步解决。"什么时候突出地提出和解决这个问题，在什么基础上提出和解决这个问题，要研究。"③

总之，邓小平的公平效率价值观继承了毛泽东追求的社会主义公平、平等的价值思想，带来生产力的发展和人民生活水平的提高，为中国社会发展提供了切实可行的指导思想。

---

① 邓小平文选：第3卷[M].北京：人民出版社，1993：110-111.
② 邓小平文选：第2卷[M].北京：人民出版社，1994：152.
③ 邓小平文选：第3卷.[M].北京：人民出版社，1993：374.

③江泽民对社会公平理念的全面丰富

以江泽民同志为代表的第三代领导集体，通过对社会主义市场经济改革目标的确定，对公有制经济的含义、地位和作用的界定，对构筑市场平台的思考，及对发展社会主义市场经济的目的性的追问，建立起了比较完整的社会主义市场经济理论体系。他结合社会主义市场经济建设的新形势和新要求，围绕怎样建设党的重大历史课题，进一步推动着社会主义社会公平的探索和实践，创造性地提出"三个代表"重要思想。江泽民同志的社会公平思想正是"三个代表"重要思想的理论特色之一。

首先，他明确提出立党为公、执政为民是马克思主义政党的根本价值观和核心执政理念。江泽民指出："全心全意为人民服务，立党为公，执政为民，是我们党同一切剥削阶级政党的根本区别。任何时候我们都必须坚持尊重社会发展规律与尊重人民历史主体地位的一致性，坚持为崇高理想奋斗与为最广大人民谋利益的一致性，坚持完成党的各项工作与实现人民利益的一致性。……归根到底都是为了最广大人民的利益。"①这奠定了马克思主义政党实现社会公平的基础。

其次，他继承并发展了"效率优先、兼顾公平"原则。在众多的论述中，他总是把效率优先、兼顾公平作为允许和鼓励一部分人先富起来，先富带后富，最终实现共同富裕的平衡点，这样既有利于优化资源配置，促进经济发展，又能保持社会稳定。他在《正确处理社会主义现代化建设中的若干重大关系》中指出：必须认识到我国社会主义市场经济体制是同社会主义基本制度结合在一起的，既可以发挥市场经济的优势，又可以发挥社会主义制度的优越性，在处理市场机制和宏观调控、当前发展和长远发展、效率和公平等关系方面，应该比西方国家做得更好和更有成效。也正因为如此，江泽民强调要把调节个人收入分配，作为全局性的大事来抓，要区分不同情况，采取有针对性的措施，保护合法收入，取缔非法收入，调节过高收入，保障低收入者的基本生活，以保证兼顾公平的要求得以

---

① 江泽民文选：第 3 卷[M].北京：人民出版社，2006：279.

实现。

最后，他要求党员领导干部树立正确的权力观，绝不允许以权谋私，侵害人民群众的利益，破坏社会公平；广泛提倡尊重劳动、尊重知识、尊重人才、尊重创造，平等对待一切中国特色社会主义事业的建设者，维护每一个阶层的合法权益。"所有党员干部必须真正代表人民掌好权、用好权，而绝不允许以权谋私，绝不允许形成既得利益集团。""领导干部必须运用人民赋予的权力……必须始终用来为国家和人民谋利益，而绝不能把它变成牟取个人或少数人私利的工具。""不论是体力劳动还是脑力劳动，不论是简单劳动还是复杂劳动，一切为我国社会主义现代化建设作出贡献的劳动，都是光荣的，都应该得到承认和尊重。""对为祖国富强贡献力量的社会各阶层人们都要团结，对他们的创业精神都要鼓励，对他们的合法权益都要保护。"[1]

④胡锦涛对社会公平理念的进一步发展

随着市场化、工业化、城镇化以及经济全球化的推进，我国社会结构也发生了一系列新的变化，地区之间、城乡之间、阶层之间、部门之间的利益差距在不断扩大，社会财富与发展机会越来越向少数人手中积聚，社会弱势群体的政治权利在某种程度上得不到切实的保障，从而引发社会的稳定危机、信任危机和认同危机，在这种情势下，只有把社会公平放到更加突出的位置，逐步建立以权利公平、机会公平、规则公平、分配公平为主要内容的社会公平保障体系，从法律、制度、政策上努力营造公平的社会环境，才能化解社会群体之间的各种矛盾，形成全体人民各尽所能、各得其所而又和谐相处的社会局面。因此，在党的十七大报告中，胡锦涛同志提出："初次分配和再分配都要处理好效率和公平的关系，再分配更加注重公平"，应"提高劳动报酬在初次分配中的比重"。[2]这是首次强调在初次分配中体现公平。这些开天辟地的新提法，是正确认

---

① 江泽民文选：第3卷[M].北京：人民出版社，2006：280，420，540，539-540.

② 胡锦涛文选：第2卷[M].北京：人民出版社，2016：643.

识和处理分配关系中效率与公平问题的重要指导思想，是尊重劳动者的具体表现。

初次分配中存在的涉及公平的问题主要有四个方面：一是参与初次分配的机会不均等，即就业机会不均等，失业是导致劳动者劳动报酬不高的主要因素，另外劳动力不能充分流动，也导致了起点上的不公平。二是劳动者进入劳动力市场后，劳动力市场中存在的一些歧视，包括性别歧视、户籍歧视等，导致同工不同酬。三是在生产过程中，劳动力市场长期存在供过于求的现象，尤其是低端劳动力，导致一些企业过度使用劳动力、压低工资。四是在初次分配中，除了工资，作为劳动报酬一部分的社会保障也由于身份不同而存在分配不公。劳动力市场的供求关系和一些制度缺陷，是造成这些问题的根本原因。

促进社会公平，首先就要落实到初次分配的公平。收入差距的过分扩大，主要是由初次分配形成的，依靠再分配去实现公平，在我国社会保障制度不健全的条件下并不能根本解决问题。因此，党的十七大提出初次分配和再分配都要处理好效率和公平的关系，再分配应更加注重公平。为了实现初次分配的公平，就要提高低收入者的收入水平，提高最低工资线，消除拖欠和无理克扣现象，遵守劳动法，尊重、保护职工的合法权益，落实党的十七大报告提出的逐步提高居民收入在国民收入中的比重，提高劳动报酬在初次分配中的比重，着力提高低收入者的收入，逐步提高扶贫标准和最低工资标准等相关要求。

（3）我国教育公平思想是构建和谐社会的重要组成部分

众所周知，和谐社会是追求公平正义的社会。公平正义作为社会主义的本质要求，是衡量社会全面进步的重要尺度，是中国共产党长期追求的根本目标，也是构建社会主义和谐社会的深厚基础。

社会主义的本质是消灭剥削，消除两极分化，最终达到共同富裕。马克思主义认为，共产主义的最终目标就是要实现人的自由全面发展，这是人类所追求的最高境界的社会公平，是人类的最高理想，是马克思主义政党的奋斗目标。社会主义的本质特征是以全体人民的幸福为宗旨的，享有社会物质与文化财富是每一个社会成员的权利，而不是少数人的特权。对于社会主义生产目的，马克思认为，它要保证一切社会成员有富足的和一天比一天充裕的物质生活。恩格斯认为，它要满足所有人的需要。列宁认为，它要保证社会全体成员的充分福利和自由的发展。邓小平认为，就是要消除两极分化，实现全国人民的共同富裕。尽管他们对社会主义生产目的的表述不完全相同，但他们的核心思想都是要满足整个社会成员的需要，实现社会公平。社会主义之所以最终要消灭经济上的剥削和政治上的压迫，归根结底是为了消除社会的不平等和不公正，使全体人民在政治、经济、文化诸多方面享有同等的权利，从而实现人的全面发展。所以，社会公平是社会主义的核心价值和本质属性，社会主义社会应当是比以往任何社会形态都更加公平正义的社会。

社会公平不仅是一种价值原则和伦理要求，更是一种现实的要求。马克思主义认为，社会公平是社会历史发展的产物，社会公平受制于特定的社会经济、政治和文化条件，具有具体性和历史性。在不同的社会发展阶段，社会公平具有不同的内容和意义。公平并不是抽象的概念，而是具体的现实的，是与社会发展的一定历史阶段紧密联系的。在社会主义初级阶段我们必须坚持以经济建设为中心，解决中国的一切问题都要靠发展，因此坚持效率优先、兼顾公平原则，这是从社会主义初级阶段全面建设小康社会的任务出发来确定的。

在改革开放和发展社会主义市场经济条件下，公平正义是我们在推动科学发展、促进社会和谐过程中进行制度安排和制度创新的重要依据，是协调社会各阶层关系的基本准则，也是增强社会凝聚力、向心力和感召力的重要旗帜。只有切实维护和实现社会公平，人们的心情才能舒畅，各方面的社会关系才能协调，人们的积极性、主动性、创造性才能充分发挥出来，整个社会才会更加和谐稳定，全体人民才能进一步同心协力地共同建设和发展中国特色社会主义。因此，促进社会公平正义，包括教育的公平正义，不仅是我国社会主义制度的本质要求，更是构建社会主义和谐社会进行制度安排和制度创新的前提和基础。

(4) 我国教育公平思想为我国教育实践提供科学指导

我国教育公平思想对现代以来整个中国的教育实践及中国革命和建设事业具有深远的历史影响，是制定教育政策的重要价值取向。在这一思想指导下，我国教育不公状况逐步得到改善，直接推动整个社会走向公平公正。

①教育公平理念指导着我们党的教育方针、政策的制定和执行

新中国成立后为贯彻教育为工农服务的指导思想，规定新中国的教育方针为"普及与提高的正确结合，且在相当长的时间内以普及为主"。党的十六大后，党和政府把教育公平作为国家基本教育国策，提出教育为社会主义现代化建设服务，为人民服务，与生产劳动和社会实践相结合，培养德智体美全面发展的社会主义建设者和接班人的教育方针。党的十七大报告又提出坚持以人为本、德育为先，实施素质教育，提高教育现代化水平，培养德智体美全面发展的社会主义建设者和接班人，办好人民满意的教育，充分体现了中国共产党为大多数人谋福利的教育公平指导思想。

②在我党教育思想指导下，政府采取了一系列促进教育公平措施

在教育公平思想的指导下，中国共产党改变了旧中国广大工农子女没有受教育的机会，文盲占全国人口80%左右的状况。通过颁布《中华人民共和国教育法》《中华人民共和国义务教育法》等法律，以法律形式保障人民群众的受教育权利；采取多种形式普及教育，扩大工农群众及其子女受教育的机会；开展广泛的扫盲运动，逐步提高全民族的文化水平；对少数民族学生入学采取优惠政策，积极促进民族教育平等。通过"春蕾计划"等措施促进男女教育平等；有计划地提高贫困地区的教育发展速度，逐步改变原来地区分布不平衡的状态；对少数民族学生入学采取优惠政策，积极促进民族教育平等；实行面向农村的教育政策以平衡城乡教育差距；加强薄弱学校建设，逐步实现平等受教育权；重视弱势群体教育，积极发展残

疾人教育，给生理上有缺陷的儿童、青年和成人施以平等的教育，采取各种措施保障农民工子女接受义务教育等。

中国共产党在教育公平思想的探索中积累了很好的经验和教训。如"普及与提高相结合"的思想；"合理部署""统筹安排"促进地区之间教育均衡发展的思想；"加强薄弱学校建设"促进校际教育均衡发展的思想；把农村教育作为教育工作中的重中之重，努力促进城乡教育均衡发展的思想；"保障农民工子女接受义务教育的权利"的思想；"完善国家资助贫困学生的政策和制度"，"保证困难学生不因经济困难而辍学"的思想等，对以后的思想理论创新有着重要的借鉴意义，而实践中的失误和教训也为今后工作提供了前车之鉴。如如何正确处理教育与政治、经济和文化之间关系，遵循教育自身的发展规律，把人的发展作为其根本的价值目标，切实贯彻平等和公平的教育理念，推动教育公平的顺利实现；如何正确处理教育公平与效率、普及与提高之间的关系，找好公平和效率、普及和提高之间的均衡点，防止从一个极端走向另一个极端；如何健全、完善相关教育政策和制度，从而减少由于政策、制度缺失或不健全所造成的教育不公问题等。这些经验和教训都是以后教育公平工作探索的珍贵财富。

2. 我国教育公平理念的特点

(1) 从中国具体国情出发，走中国特色教育公平之路的实践性

我国教育公平思想是在中国革命和建设的实践中产生，且在实践中不断丰富和发展，时刻适应着中国革命和建设的需要。实践性是中国共产党教育公平思想一个重要特征。

胡锦涛在中国共产党十六届四中全会第三次全体会议上指出，维护和实现社会公平，涉及最广大人民的根本利益，是我们党坚持立党为公、执政为民的必然要求，也是我国社会主义制度的本质要求。随着我国经济社会的发展，随着全社会民主法制意识的增强，人民群众的公平意识越来越强，对我们党和政府维护和实现社会公平的要求越来越高。当前随着我国

经济社会的不断发展，我们已经具有了解决社会公平问题的一定条件和初步手段，但我们也要认识到，我国仍处在并长期处在社会主义初级阶段，经济文化发展水平还不高，人均国内生产总值不到世界平均数的五分之一，处理社会公平问题必须从实际出发，量力而行，尽力而为，长期努力，逐步推进。制定措施要考虑到财力和各方面的承受能力，注意与出台的有关政策措施相衔接，还要统筹兼顾不同地区、不同部门、不同群众的利益，不要提一些不切实际的目标和口号，关键是要扎扎实实地把人民群众的利益实现好，维护好，发展好。在推行教育公平方面，我国走的一向是从中国实际国情出发的道路。

①由争取工农群众的受教育权，普及教育，再到普及基础上提高，再到推行义务教育，进而强调教育的均衡发展，是我党根据中国社会经济的实际情况，走中国特色的教育公平之路的第一个表现。

建党初期，我党就把争取劳动人民及其子女的受教育权利作为革命的主要任务之一。1922 年 5 月，中国社会主义青年团第一次全国代表大会《关于教育运动的决议案》提出，要唤起青年工人为争取教育权而奋斗。1931 年 11 月，中华苏维埃第一次全国代表大会通过的《中华苏维埃共和国宪法大纲》第 12 条规定，中华苏维埃政权以保证工农劳苦民众有受教育的权利为目的。从中国共产党创立到新中国成立之前，由于群众文化水平较低，文盲多，又鉴于当时国内环境非常险恶，经济比较困难，我党一直把普及教育作为推行教育公平的主要任务。毛泽东指出：普及的东西比较简单浅显，因此也比较容易为目前广大人民群众所迅速接受。高级的东西比较细致，因此也比较难以生产，并且往往难以在目前广大人民群众中迅速流传。现在工农兵面临的问题，是他们正在和敌人作残酷的流血斗争，而他们由于长时期的封建阶级和资产阶级的统治，不识字，无文化，所以他们迫切要求一个普遍的启蒙运动，迫切要求得到他们所急需的和容易接受的文化知识和文艺作品，去提高他们的斗争热情和胜利信心，加强他们的团结，便于他们同心同德地去和敌人作斗争。对于他们，第一步需要并不是锦上添花，而是雪中送炭。所以在目前条件下，普及工作的任务更迫切。轻视和忽视普及工作的态度是错误的。这期间由于认识上的问题有时过早过急地提出了义务教育，一些政策在执行中出现偏差，但1942年整风运动以后，纠正了以前的错误，按群众的需要和自愿办学，不实行强迫的义务教育，调动了群众的积极性。

国家经济建设和社会发展需要在普及的同时提高教育质量，为受教育者提供高水平的教育，为国家经济建设提供高质量的人才，因此在新中国成立后，我国教育战略重点由普及转向了提高，在整顿巩固、重点发展、提高质量、稳步前进及在普及基础上的提高，在提高指导下的普及的教育工作方针指导下，我国中、高等教育有了快速的发展，教育质量有了大幅度提高，为国家的经济建设培养了大批高质量人才。

随着国内经济的恢复和发展，国家逐渐具备了实行义务教育的条件，党和政府及时提出了实行免费、强制性的义务教育。1986年4月，第六届全国人民代表大会第四次会议通过了《中华人民共和国义务教育法》，以法律的形式正式确定国家实行九年制义务教育。国家、社会、学校和家庭依法保障适龄儿童、少年接受义务教育的权利。义务教育推行过程中，党和政府根据各地区经济发展不平衡的实际情况，逐步推行九年义务教育。1985年5月《中共中央关于教育体制改革的决定》，及1986年4月《关于中华人民共和国义务教育法(草案)的说明》均提出，我国是一个人口大国，各地经济、文化发展很不平衡。实行九年制义务教育，必须坚持实事求是、因地制宜的方针，不能搞一刀切，也不能脱离实际地去追求高指标。从这个总的指导思想出发，全国大致可以分为三类地区。第一类地区是经济、文化比较发达的地区，要求在1990年左右基本实现九年制义务教育。第二类地区是经济、文化中等发展程度的地区，要求在1990年左右基本普及初等义务教育，同时积极创造条件，在1995年左右实现九年制义务教育。第三类地区是经济、文化不发达的地区，要随着经济的发展，争取在20世纪末大体上普及初等义务教育。后根据"分区规划、分类指导、分步实施"的原则，我国又多次对全国不同地区义务教育的发展目标和速度提出了不同要求。

随着教育的普及，综合国力的提升，居民生活水平得到提高，义务教育又面临新挑战，如教育均衡发展问题、义务教育质量问题等都需要依靠法律手段去解决。党和政府通过立法，修订《义务教育法》，加大了对农村和城镇薄弱学校的改造力度，努力缩小学校差距。目前全国城乡之间及东、中、西部地区间义务教育公共资源配置已经取得一定效果。

从争取工农群众的受教育权、普及教育，到普及基础上的提高，到义务教育的实施和均衡发展，无不体现了我党教育公平思想的实践性特点。

②根据革命和建设的需要以及中国地广人多、经济不发达的现实，采取多种形式，扩大人民群众受教育的机会是我党教育公平思想的实践性特点表现之二

新中国成立前，鉴于特殊的战争环境和革命斗争的需要，我党采取办夜校、半日校、识字班、俱乐部、劳动学校、补习学校、短期政治学校等多种形式，一方面为革命培养急需的各类人才，另一方面为广大工农群众接受教育提供保证。

新中国成立后，中国人民在政治上翻身得解放，但由于地大人多经济不发达，要想全体国民都接受教育是件很难的事。因此我党除了大力发展全日制学校外，还通过办简易小学等多种形式提高学龄儿童的入学率，提高人民群众的文化水平和政治觉悟。1964年1月，《人民日报》发表社论指出，目前国家或生产队还不可能大量地增设更多的全日制小学，要吸收农村全部学龄儿童入全日制小学也还有一定困难。特别是在一些人口稀少、居住分散的偏僻山村，办全日制小学有很多不便。在这种情况下，应该采取能者为师的办法，就地聘请一些回乡知识青年或民校教师，加以必要的训练，办一些简易小学，才能切实可行地解决贫下中农子女的上学问题。1965年7月，中共中央《关于半农半读教育工作的指示》指出，目前，全国还有3000万儿童没有入学，他们大都是生活比较困难的贫下中农子女和深山区、少数民族地区的儿童。解决他们的入学问题，要做更艰苦更细致的工作。由于我国山地多，偏僻地方多，要普及初等教育，光靠全日制学校是不够的，要采取多种多样的办学形式，建成一个为贫下中农和广大群众

服务的小学教育网，使得 90% 以上的学龄儿童都能入学。

这期间，我国还通过举办职业(技术)教育、成人教育、半工半读、业余学校、函授学校、广播学校、网络教育等多种形式扩大群众接受教育的机会。

③鉴于中国文盲较多的实际情况，始终把扫盲作为推行教育公平主要内容之一是我党教育公平思想的实践性特点表现之三

旧中国剥夺了工农及其子女受教育的权利，文盲遍布中国，扫除文盲成为我党成立后面临的艰巨任务。1933 年 9 月，《中国苏维埃共和国临时中央政府人民委员会训令(第十七号)》指出，在适应目前革命战争的需要这一条件之下确立普及义务教育制度……立刻开始有组织地有计划地进行扫除文盲运动，要尽量在最短时间内把从前豪绅、地主、资产阶级的统治所遗留下来的最恶毒的遗产——文盲——完全消灭。1944 年 11 月，陕甘宁边区文教大会通过的《关于培养知识分子与普及群众教育的决议》指出，在目前边区情况下，群众教育的中心任务就是扫除广大成人和失学儿童中的文盲，提高其文化与政治觉悟。1945 年 4 月，毛泽东在中共七大的政治报告《论联合政府》中指出："农民——这是现阶段中国文化运动的主要对象。所谓扫除文盲，所谓普及教育，所谓大众文艺，所谓国民卫生，离开了三亿六千万农民，岂非大半成了空话？我这样说，当然不是忽视其他约占人口九千万的人民在政治上经济上文化上的重要性，尤其不是忽视在政治上最觉悟因而具有领导整个革命运动的资格的工人阶级，这是不应该发生误会的。"[1]

50 年代，各种业余学校、夜校、工农速成学校、政治学校、干部培训学校使得很多人接受了不同程度的文化教育。改革开放后我国扫盲工作取得了显著的成绩。20 世纪末，我国完成了基本扫除青壮年文盲的历史性任务，成为教育发展史上的重要里程碑。

---

[1] 毛泽东选集：第 3 卷[M]. 北京：人民出版社，1991：1078.

（2）始终把工农劳苦大众作为推行教育公平主要对象的群众性

我党始终把工农劳苦大众的教育作为推行教育公平的主要工作，强调工农及其子女教育，一方面是由我党的政治属性所决定的，即我党是先进的无产阶级政党，代表最广大人民群众的根本利益，另一方面是因为广大工农及其子女的文化基础薄弱仍需要加强。无产阶级的最终解放，不仅要求工农群众在政治上争得民主，掌握国家政权，成为社会统治阶级，在经济上根本改造生产关系，充分发展生产力，还得在精神上摆脱阶级束缚，从愚昧无知状态下解脱，因此教育在其中有很重要的意义和作用。

中国革命走的是农村包围城市的道路，中国国情是有广大区域的农村和占人口绝大多数的农民，要使广大群众翻身得到解放，宣传和教育农民及其子女非常重要。

1931 年 11 月，中华苏维埃第一次全国代表大会通过的大会宣言指出，工农劳苦大众，不论男子和女子，在社会上、政治上和教育上，完全享有同等的权利和义务。一切工农劳苦群众及其子弟，有享受国家免费教育权，教育事业之权归苏维埃掌管。1949 年 2 月，华北人民政府第二次政府委员会通过的《华北区文化教育建设计划》指出，要密切与劳动人民联系，注意解决穷苦工农子女入学问题。中华人民共和国成立后，工人阶级成为领导阶级，农民阶级成为革命建设的主力军，党和国家把工农教育放在教育首位。"文革"时期，更是把工农教育作为推行教育公平的主要目标，强调开门办学，工农子女有接受各类教育的优先权。改革开放后，统一高考制度和能力标准使得工农子女受教育机会事实上呈现不平等，许多工农子弟孩子因家庭贫困交不起学费而无法入学；大学里一些好的专业由于收费较高，因而很多家庭经济困难的工农子女，特别是农村的孩子选择专业时放弃了这些专业而选择一些收费较低的专业。根据这种情况，党和政府及时制定了相关政策，促进不同阶层子女教育的平等。如针对公办高校贫困家庭学生，我国近年来已基本建立起以奖学金、学生贷款、勤工助学、特殊困难补助和学费减免为主体的、多元化的资助政策体系，确保家庭经济困难的工农子女能够顺利入学，大大扩大了工农子女接受高等教育的比例。改革开放后，进城务工农民增多，农民工子女入学困难，为保障农民工子女入学，党和政府又颁布了一系列文件解决农民工子女入学问题。

工农大众是中国革命和建设的主要力量，教育面向工农大众，不仅提高了广大工农大众的政治文化水平，促进了教育公平，更增强了我党的凝聚力，有利于政党地位的巩固。

(3)从内容、途径到保障制度和策略，充分体现了我党教育公平思想内涵的丰富性

从教育公平的内容，到推行教育公平的途径，再到实现教育公平的保障制度和策略，我党教育公平思想内容非常丰富。

从推行教育公平的途径来看，我党提出并采用了多种方式积极推行教育公平。如通过多种多样的办学形式(除全日制学校外，还有简易小学、半农半读学校、半工半读学校、业余学校、职业学校、广播学校、函授学校等)为广大群众创造条件提供受教育的机会；通过大力开展扫除文盲运动，使得很多目不识丁的群众接受了不同程度的教育；通过改革考试制度使得教育公平得以推行等。

从实现教育公平的保障制度和策略来看，为促进教育公平的顺利实现，我党颁布了一系列促进教育公平的法律和政策，如颁布了《中华人民共和国义务教育法》《国务院关于深化农村义务教育经费保障机制改革的通知》《关于进一步做好进城务工就业农民子女义务教育工作的意见》《流动儿童少年就学暂行办法》《残疾人教育条例》《残疾儿童少年九年义务教育实施方案》等使得所有儿童都能受到教育；提出了建立健全国家助学体系，并逐步得到落实，使得家庭经济困难的学生都上得起学，上好学；规范了教育管理，实行阳光工程，惩治教育腐败，办好让人民满意的教育等。一系列相关教育政策使得教育公平有了制度上的保障，使得我党教育公平思想可以得到有效贯彻落实。

三、当今教育公平理念的时代特点

教育公平作为社会公平价值在教育领域的延伸和体现，不仅是教育现代化追求的基本目标，更是社会公平的重要基石。我国关于教育公平理念的研究主要源于西方，有鲜明的"后发外源型"特点，同时又因为融入本国国情形成了自身特色。如何把教育公平作为政府的责任之一并得以贯彻和实施，是我国当前政治体制改革的关键问题。

1. 教育公平理念的多元内涵

教育公平是指全体社会成员可以自由、平等地选择和分享各层次的公共教育资源。不同的学科研究教育公平的视角有所侧重，法学视角的教育公平主要是注重公民受教育权利的平等，经济学视角的教育公平更多是侧重教育资源配置的平等，教育学视角的教育公平则强调个人受教育过程的平等。

（1）从公平理论看教育公平的内涵

根据公平理论的三个阶段，教育公平主要包括：教育起点均等、教育过程均等和教育结果均等。

①教育起点均等。教育起点均等就是要尊重和保护每一个人的基本人权与自由发展，即受教育权利的公平。受教育权利的公平是最基本的教育公平，主要体现在价值层面和制度层面。现代社会中的教育起点公平，必须从基本法律和教育制度上保障国民拥有平等接受教育的权利，从而体现基本人权。为了使教育权利得以实现，还必须确保每个人都有均等的就学机会，即保证教育机会均等，要对在现代教育中处于不利地位的群体的教育权利给予关切和补偿，力求人人享有平等的教育机会和教育资源。

②教育过程均等。教育过程均等是指每个受教育个体在教育过程中得到平等的对待，即在教育经费、教育内容、教师质量、学生受关注程度、

公正评价等方面，不受主观因素的影响，得到平等的待遇。胡森指出，教育公平不是仅仅给每个人上学的机会。上什么样的学、在学校中被如何对待、周围环境的影响，以及由同样教育经历所带来的教育结果的差异等，这些都是需要关注的。教育过程均等，在主观方面主要体现在教育者在教育活动过程中公平对待每个教育对象，在客观方面主要体现在教育活动的有形投入上，它具体表现在教育经费投入公平分配，保障同类学校在教育资源投入、硬件设施建设、师资力量配备等方面符合基本的教学要求，满足教育教学活动的正常开展，为每个受教育者提供与其他个体相对公平的物质条件和学习环境；努力消除地区之间、城乡之间、学校之间教育资源的不公平分配；在课程设置和教学内容的安排上要尊重每个受教育者接受相同知识广度和深度的权利，使同样的知识信息和教育内容平等地供给每个学生；教师在对待学生的态度和期望上体现平等，一视同仁等。

③教育结果均等。教育结果均等是指每个学生在接受义务教育之后都能达到一个最基本的标准，获得与其智力水平相符合的学识水平、能力发展水平、道德修养程度，使其个性与潜能获得充分发展，从而为其未来发展创造条件，最终体现为学业成就和教育质量的平等。这是较高层次的均等，这种均等的实现不仅需要经济的强力支持，而且需要社会文化、公民素质达到相当高的水平。

（2）从教育的要素看教育公平的内涵

按照教育的要素，教育公平主要包括：受教育权利的公平、教育资源分配的公平、公平对待和评价教育对象。

①受教育权利的公平。受教育权利的公平包括两个方面：一是主体人格和尊严平等，即教育实践主体的人格尊严应受到同等的保护，也就是"本体论上的平等"。二是教育权利平等，即宪法和法律确认并保护每一个人的受教育权利。罗尔斯在其所著的《正义论》里，将一般的正义观中隐含的"合乎每个人的利益"改为"合乎最少受惠者的最大利益"，并认为这一从公平的原初状态中产生的原则，将使得权利的生产成果分配趋于公平，形

成一种"公平的正义"。这就是说，每个人在受教育的权利上完全是平等的，不能因为任何借口而受到伤害，而且，受教育者的受教育权利所包括的内容，是随着时代的发展而逐渐丰富和扩大的，对于每项受教育的权利的要求程度也是逐渐提高的。在社会主义国家，受教育权是每个公民的权利，我国的教育法明确提出，每个公民都享有同等的受教育的权利。受教育权已经从一种自然权利发展为法律权利，从一种不平等的特权发展为普遍的平等权，从一种义务性规范发展成为以权利为本位的、权利与义务统一的法律规范，从一种个人权利发展成为民族的、国家的乃至全人类的共同权利。

②教育资源分配的公平。教育资源分配的公平包含学生获取教育资源的公平和居民负担教育经费的公平，主要依据以下五项原则：资源分配均等原则，这是一项起始性、横向性公平的原则，主要是保证同一学区内所有学校和学生享有同等的基础教育资源；财政中立原则，它的基本定义是"每个学生的公共教育经费开支上的差异不能与本学区的富裕程度相关"，这项原则保证上一级政府能够通过对下级政府、学校不均等的财政拨款，克服辖区学区间、城乡间的教育经费差异，保证学生获得均等机会；调整特殊需要原则，对少数民族(种族)学生、非母语学生、偏远地区及居住地分散的学生、贫困学生、身心发展有障碍的学生和女童，给予更多的关注和财政拨款；成本分担和成本补偿原则，遵循成本应该由所有获益者分担的原则，要求在非义务教育阶段，对学生收取一定的教育费用，并对部分学生采取"推迟付费"的办法，它是一种纵向性公平；公共资源从富裕流向贫困原则。这五项原则是目前各国学者公认的判断教育资源分配是否公平的标准，是教育财政公平的最高目标，也是实现教育机会均等的最根本的财政要求。①

值得注意的是，教育资源的配置存在差异原则和补偿原则。平等分配教育资源时，教育资源相对于受教育者而言是外在的，不涉及受教育者个

---

① 翁文艳. 教育公平的多元分析[J]. 教育发展研究，2001(3)：62-64.

人的素质本身。但受教育者的先天禀赋或缺陷以及他们的需求是客观存在的，因此，配置教育资源时，并不是平均或平等分配教育资源的份额，而应该根据受教育者个人的具体情况区别对待，这就是教育资源配置时的差异原则。与差异原则关注受教育者个人的差异不同，补偿原则关注受教育者的社会经济地位的差距，并对社会经济地位处境不利的受教育者在教育资源配置上予以补偿。罗尔斯认为，只允许那种能给最少受惠者带来补偿利益的不平等分配，任何不平等的利益分配都要符合最少受惠者的最大利益。补偿原则能在最大程度上保证公平，我国农村义务教育中的"两免一补"政策就是补偿原则的具体体现。

③公平对待和评价教育对象。公平对待和评价教育对象包括人人享受同等条件的教育和可选择性教育两个阶段。同等条件的教育是指使每个学生学习的学校条件趋于相同，以免使得学校条件的差异性导致教育的不公平。在同等条件教育充分实现后，人们又发现，因为人的个性、才智不同，学校用统一标准要求学生又是不公平的。因此，应实行可选择性教育，以适合于不同学生的发展，并对不同的学习效果做出合理评价。

（3）从教育公平的内在属性看教育公平的内涵

按照教育公平的内在属性，教育公平是教育权利平等和教育机会均等的有机结合。

①教育权利平等。公民作为人类社会成员，受教育权是由人的主体资格而与生获得并被现代法律保护的，不受民族、种族、性别、职业、财产状况、宗教信仰等外部条件的限定，全体公民人人相同、人人拥有的一项权利。

②教育机会均等。教育机会均等有两个层面的含义：一是同等教育机会，即从总体上来说每个受教育者都应有大致相同的基本教育机会，每一个受教育者享有一个公平的起点、一个公平的受教育机会。二是差别机会，即受教育者之间的教育机会不可能是完全相等的，有着程度不同的差别。教育资源的有限性，使其不可能对教育机会进行均等化的分配，再加

上同样的教育机会对于不同的受教育者来说也是不一样的，因此应在承认现实起点与现实环境的合理性的基础上，鼓励个体受教育者充分开发自身的潜能，最大限度地使用各种机会以实现自身的价值。

教育权利的平等是教育公平的理性前提，教育机会的均等是实践领域中教育公平的现实保障。教育权利平等和教育机会均等的共同实现构成了完整的教育公平。

2. 教育公平理念的时代特性与构建和谐社会之间的互动关系

目前，我国正处于社会主义市场经济所推动的社会转型期。在社会转型期，教育作为个体生存和发展的手段的作用更为突出，受教育机会和权利方面的竞争实质上就是生存权和发展权的竞争。我们应当依据社会转型期的现代社会平等、自由、合作诸项基本理念，现代化、市场化等现实因素以及教育目标、受教育者个体间的差异等情况，来把握教育公平的时代特性。这些时代特性主要表现在：

①教育公平是现实性和理想性的辩证统一。教育公平是人们对教育发展的希冀，也是促进教育发展的动力。教育公平包括教育的实然层面和教育应然层面，它是对社会现实的反映，也是对社会现实的超越，是社会现实和理想的统一。它一方面是对社会现实的反映，另一方面又是对未来社会的向往，是一种在对现实否定以后的理想追求。

②教育公平是历史性和发展性的辩证统一。教育公平是一定历史时期的产物，受一定社会的经济结构与经济社会发展水平的制约。因此，在不同的社会发展阶段、不同的历史时期，教育公平的内涵不同，绝不能不顾社会发展以及条件的特殊性，把它贯彻到社会的一切领域。同时，教育公平是一个在不同时空中流动和发展的命题，从教育公平理论内涵发展的过程看，后一历史时期的理论内涵总是对前一历史时期的理论内涵的发展。

③教育公平是绝对性和相对性的辩证统一。任何社会总是有适合它的基本规则，就目前而言，教育权属于每个公民以及机会面前人人平等的原则是绝对的，不能因为社会成员的特殊身份而区别对待。但是，教育公平

又具有一定的相对性，受客观现实条件以及受教育者天赋与能力差异等主观条件的制约，加上不同的地区因为经济、政治、文化、民族等各方面条件不同，教育公平的实现范围和实现程度肯定会有一定的差别。另外，观念指导下的教育公平原则是对当时的实际情况的反映，它虽然具有超前性，但主要是指导当时的社会实践，因此，其实用性和合理性都是相对的。

④教育公平是主观性和客观性的辩证统一。公平是根据一定的评判标准对特定事物进行的主观价值的判断，是主观和客观的统一体。教育公平是公平意识在教育领域的延伸和发展，当然同样具有这一特点。教育公平就其所反映的内容而言，具有客观实在性。但是，教育公平也属于一种主观价值判断。教育是一种生产活动，与一般生产活动不同的是，它的加工对象是具有个性特点、有思想的个体。教育公平是教育活动中对待每个教育对象的公平和对教育对象评价的公平。因此，它必然具有主观性，必然存在具体的主观评价标准。

⑤教育公平是公平和差别的辩证统一。教育公平要体现平等原则、补偿原则和差异原则，不仅要对受教育权利和受教育机会等基本教育资源的分配保证平等，更要立足于教育的整体利益，对教育起点和过程中的不利群体进行教育利益的倾斜和补偿，使他们获得享受教育资源的机会。因此，真正实现对教育资源的公平分配要以承认差别为前提，即在教育公平之中包含差别，在差别之中体现公平。

社会主义和谐社会是一个民主法制、公平正义、诚信友爱、充满活力、安定有序、人与自然和谐相处的社会，包括教育公平在内的公平正义是和谐社会内在的、基本的内容和核心价值理念。实际上，教育公平理念与构建和谐社会之间是一种相互作用、相互影响的关系。教育公平是达到和谐社会的一座桥梁，和谐社会的建成也是教育公平的终极目标。

首先，从教育的功能来看，教育就是要缩小贫富差距，促进社会平等和社会和谐。教育最直接的功能就是促进人的智力、心理和道德的发展。教育公平促使每一位社会成员接受适合自己发展需要的教育，社会成员通过接受教育提高自身的智力水平，使心理逐步走向成熟，建立适应社会生活的道德观。而智力、心理和道德的提升则是人走向社会的必备条件。其次，教育公平能够保证广大社会成员获得社会生存和参与社会发展的能力。因为通过实施教育公平与补偿政策，可以有效地改变落后地区及其个体的社会经济地位，缩小贫富差距，改善和缩小两极分化现象，推进社会主义和谐社会的建设。再者，教育是一种潜在的生产力，是构建和谐社会的基础。教育本身能提高劳动人口的素质，把可能的生产力转化为现实的生产力，从而促进经济的发展。我们可以看到，教育公平给人们提供公平竞争、向上流动的机会，帮助弱势者摆脱其出身上的局限，显著地改善人的生存状态，减少社会性的不公平。教育公平还有利于增进社会公平，维持稳定的社会秩序，促进社会和谐的早日实现。

从和谐社会的目标来看，其应当是以人为本、经济社会全面协调可持续发展的社会，应当是各种利益关系协调、体现社会公平和正义、人们能够各得其所的社会。这个目标需要分解成各个子目标，只有全部的子目标都实现才能实现这个总目标。而各个子目标之间也是相互影响的，经济政治的和谐可以促进教育的和谐，教育的和谐也可以促进其他目标的实现。同样，文化、自然等各方面的和谐也是如此。只有实现包括教育公平在内的社会公平，才能协调各方面的社会关系，才能有利于调动人民群众的积极性，实现社会的和谐，也只有其他各方面的和谐才能促进教育的和谐，才能从根本上实现真正的教育公平。

3. 改革过程中政府教育职能的转变

公共伦理是对公共领域中伦理关系的调节，它所涉及的主体是公务人员或公共组织，客体则为公众。从根本上说，公共伦理是调整公共管理主体和管理客体之间利益关系的理念价值和行为准则。可以说，各种行政理论在处理行政体制内部和体制外部责任关系、设定行政责任内容时拥有不同的思路，而不同的责任关系和责任内容却蕴含了不同本质的伦理关系。

传统的公共行政理论坚持在政治与行政二分的情况下，行政责任的实现主要依赖于法律或政治官员的外部控制，严格的法规、程序和上级命令能阻碍自由裁量权的行使。新公共管理理论继承了科学管理理论对法律责任的强调，强化了客观测量和外在控制的核心地位，但它与传统公共行政思想的不同就在于它不是通过政治官员间接地对公共利益负责，而是直接对"顾客"负责。新公共服务理论明确提出法律原则、宪政原则以及民主原则是负责任的行政行动无可辩驳的核心内容。也就是说，公务人员关注的不是政治市场和"顾客"，而是法律规则、政治规范、职业标准和最为重要的公共利益，他们通过提供公共服务对公民负责。新公共服务理论主张的责任内容可以说是较为全面的，而且它指出的通过政府引导合作来构建对公民负责的责任体系的方式也具有开拓性意义。

教育作为公共服务的重要组成部分，服务型政府的职能定位鲜明地体现出市场经济对计划经济体制下形成的政府教育职能的挑战。同计划经济条件下政府教育职能的大包大揽的状况迥异，服务型政府的教育职能转向创造有利、公平的教育投资环境，积极为吸收社会教育资源服务，并建立良好的激励机制。同时，在市场经济条件下，政府应当充分保护个人和团体合法的教育财产权利，为教育资源发挥最大效益提供服务。与计划经济条件下政府教育职能大包大揽的状况迥异，服务型政府的教育职能转向有限性（包括政府干预范围的有限性，政府干预教育程度的有限性，政府依法治理教育事业的有限性）。政府要把教育管理职能范围主要集中于两个方面：解决教育领域中的市场失灵和促进教育公平。

在现代政治学领域，一般认为政府最基本的责任就是保障社会活动的公益性和社会公平。现代政府作为现代国家的代表，一方面享受教育的利益，是教育发展尤其是普及义务教育的最大受益者；同时，现代政府的合法性要求它又不得不承担着社会的公共教育责任，负有保障教育公共性的天然职责。所谓教育公共性，一是教育的公益性，这是就教育的目的性而言，教育应该满足国家、社会的公共利益，惠及全体公民；二是教育的公共参与，这是就教育的治理而言，教育的所有利益相关者都有参与教育公共治理的机会；三是教育公平，这涉及教育利益的分配和教育公共参与机会的分配，应该符合社会公平这一基本原则。就这三者的实现条件来说，教育公平是教育公共性的必要条件，没有教育利益的分配和教育公共参与机会分配的公平性，就不可能实现教育的公共性。因此，教育公平是当代中国政府基础性伦理诉求。

马克思主义认为，平等的观念，无论以资产阶级的形式出现，还是以无产阶级的形式出现，本身都是一定历史阶段的产物，这一观念的形成，需要一定的历史条件，而这种历史条件本身又以长期的以往历史为前提。在特定的历史发展阶段，政府在保障教育公平方面的责任是有限的。1950年初期，政府在教育公平方面的措施主要是保障入学平等。而今天，政府要通过不断调整自身的定位来积极影响教育发展的进程。从整个社会大系统来看，教育作为培养劳动力再生产的机制，其公平与否直接影响着社会公平，教育应当成为一种有效调节社会公平的工具；从教育制度内部来看，教育利益分配并不直接体现为金钱、物质、权力、地位的分配，而是表现为个人身心的发展权利、发展机会、发展条件的分配和发展水平与资格的认定，应通过制度政策设计实现教育利益的分配公平。

4. 推进教育公平是政府的基本责任

为了全面落实政府对教育公平的责任，政府应具体做到：

第一，要树立科学价值观，树立正确的公平和效率观，树立政府是"第一责任人"的观念。我国长期以来以效率作为衡量各项工作的唯一准绳，而在越来越看重公平的今天，政府在继续抓好经济调节、市场监管的同时，更加注重社会管理和公共服务，把财力、物力等公共资源更多地向社会管理和公共服务倾斜，把领导精力更多地放在促进社会事业发展和建设和谐社会上。教育直接关系到民族整体素质和国家的命运，关系到社会公平的实现，关系到和谐社会的建设。政府是提供教育、实现教育公平的"第一责任人"。政府必须履行提供公共产品这个基本职能，这同时也是出于保护弱势群体受教育机会的需要。政府要通过制度变革和政策调整，克服损害教育公平的制度性因素，不人为地制造差距和扩大不公平。同时，为了加强政府对公立学校和民办学校的监管，政府还要尽快建立各级各类学校的教育评估认证机制，设立统一的评估认证标准，使各级各类教育逐步走上规范化发展的道路。针对某些教育公共政策所产生的不良后果，政府也要及时建立评价和纠错机制，建立重大教育问题的预警机制，以及与教育决策相关的咨询制度、论证制度。

第二，要明确界定政府的教育公平职责，推进教育决策与政策实施的科学化与民主化。要投资于基本的教育公共服务与基础设施，均衡配置教育资源。努力改变政府经费保障不到位现象，使得政府能成为教育经费尤其是义务教育经费的首要责任者和最终保障者。要在保障市场机制在实现私人利益最大化的同时，更重视教育的公平，防止市场因素损害教育公平，努力改变政府规制市场的职能缺位现象，使政府成为市场失灵的规制者。要保障教育的底线公平与机会公平，保护和扶持教育中的处境不利人群。努力改变政府推进教育公平的职能错位现象，改变各级政府教育职能没有很好定位的现状，明确、具体划分各级政府的相关责任，同时把促进教育公平和教育均衡发展作为评价各级政府教育工作的一项基本指标。要建立科学合理的教育决策与政策实施机制，建立重大教育问题的预警机制，重大教育政策决策的实证调研制度，重大教育政策决策的咨询制度和论证制度，重大教育政策决策的公众听证制度，要努力提高教育决策的民主参与程度。合理处理政府机制、市场机制与社会选择机制的关系，建立以政府主导、市场介入、社会参与为主要特征的教育公共治理模式，逐渐改变教育政策的城市偏向、高等教育偏向、公办教育偏向以及精英教育与效率优先的不良倾向。

第三，政府要保障教育投入，合理分配教育资源，完善教育财政制度。要逐渐将现行的"以县为主，中央、省级扶持为辅"的教育投入方式调整为"中央、省级为主，县级积极投入"，区分出由中央直接宏观调控的贫困地区（特困地区）和由省宏观调控的贫困地区，合理地划分各级政府相应责任范围；要由国家统一设置义务教育阶段的各项最低标准，包括义务教育阶段各级学校的最低办学标准等，然后设立各类专项资金，用于危房的改造或者应付突发事件的处理等；要完善政府财政转移支付制度，完善一般性无条件转移支付制度，纵向使中央财政从中东部地区适当集中部分财力向西部进行转移支付，弥补贫困地区财政的教育收支缺口；横向建立省际、县际的教育转移支付框架，促进各地方政府教育提供能力的均等化。同时，要建立专项教育财政转移支付制度，重点解决办学、教学条件的改善问题；要遵循"平等、对等和补差"的分配原则，最大限度地整合、平衡各种不同的要求，反映绝大多数社会成员的需求和利益；要完善弱势群体补偿政策，加强特殊教育扶持力度，使残疾儿童回归主流社会，使进城务工农民工子女享受与城市居民子女同等待遇，加大对家庭困难学生的补助力度，对贫困家庭学生实行"两免一补"等。

第四，政府要加强立法、严格执法，为教育公平提供稳定持久的法律保障。法律制度是教育公平实现的逻辑起点。法律不仅使教育改革的举措合法化，为教育改革营造良好的内外部环境，而且能有力地巩固教育改革的成果，完善教育体制，清除积弊，推动教育事业持续向前发展。首先，各级政府要进一步加强和完善教育立法，通过法律规范统一调配义务教育资源，保障义务教育资源公平投入。通过修订、完善《教育法》《义务教育法》《高等教育法》等，补充、完善有关保障教育公平实施的法律规定。通过制定新的教育法律法规，如《学校法》《教育投资法》《教育促进法》等，进一步明晰、规范政府与学校的法律关系，学校的法律地位及管理者、教师和学生的教育权利和义务。同时，政府还应制定预防和惩治教育腐败的专门法规与条例，坚决制裁教育领域中各类违法犯罪行为，大力纠正和杜绝教育收费不规范和乱收费的现象，树立教育部门的良好形象。其次，要加强有效的监督和严格的执法，做到各级政府和教育部门明确各自的职责，依法执行。同时，各级人大也要充分发挥监督作用，对教育系统的法律执行情况进行必要的监督检查。

总之，教育公平是教育公共性的必要条件，没有教育利益的分配和教育公共参与机会分配的公平性，就不可能实现教育的公共性，又由于教育是政府的公共服务产品，完全受政府的管理和调节，因此当前政府主体在教育制度中所起的作用是影响教育公平的主要因素。进入新世纪，国家越来越重视教育公平在社会主义市场经济建设中的作用，但是，由于积弊难消和已然造成的教育差距，同时伴随城市化的迅速发展，实现教育公平的路程必然是一个漫长的过程。经济公平、政治公平、教育公平三方面作为社会公平的重要组成部分，是牵一发而动全身的关系，只有从根本上实现社会公平，实现经济均衡发展，政治透明公平，才能最终带来教育公平的实现。

第四章　城乡二元结构下的我国教育不公深层次原因探讨

党的十九大报告把教育公平放到了一个非常突出的位置。由于我国正经历着发展中国家工业化过程中普遍遇到的城乡二元经济结构问题，同时，还由于历史原因呈现城市社会与农村社会长期分割的二元社会结构，城乡基础教育不公已成为实现教育公平最突出的问题之一。对城乡二元结构下的基础教育不公深层次原因进行深入探讨，对从根本上实现我国城乡教育公平有着重要意义。

一、城乡教育不公的根源：城乡二元结构下的教育体制性障碍

1. 政府间的利益结构变动导致农村教育经费投入不足

我国学者胡伟在其著作《政府过程》中曾论述，中央政府和地方政府之间存在着张力，这种张力宏观层面上体现为政府体制在中央集权和地方分权两极间反复运动，微观层面上表现为对于具体公共政策的讨价还价。由此可见，中央和地方权力的消长导致了双方财政收入关系的变化，从而影响了相对稳定的教育体制。中央想尽量集中财源办其认为对国计民生至关重要的事情，地方则希望尽量缩小对中央财政的贡献以发展地方利益。这是中央与地方围绕财源分配展开博弈的根本原因。

实行分税制后，我国县级政府获得的财政收入除"两税"要按比例上缴中央财政外，省、地市政府还将来源比较稳定、数额大的收入种类作为共享收入甚至固定收入予以掌控，同时一些省份对县级实行的"两税"增量收入也按比例分成，最终造成了财力越来越向上一级政权集中，县级财力越来越薄弱的局面。事实上，基层政府由于其收入主要来源为非规范收入，对费用的依赖性很强。地方政府对非税收入的依存度比中央政府大得多。可以看到，分税制的实行使得中央财力逐年增强，县基层财政困难却日益加剧。

与此同时，各级政府在将财权上移的同时，又不断将事权下移。公共事业特别是占县级财政支出大头的义务教育仍然由县级政府承担。收入来源和财力弱化，甚至收入的总量也在下降，但担负的事权却没有减弱，甚至还在加强。县级政府在两难的境地下，只能拆东墙补西墙。县级财政收入构成由于非税收比重过多，财政收入受政策因素的影响大，收入来源本来就不稳定。随着农村地区对教育、文化、卫生等公共产品或服务的需要扩大，同时社会主义新农村建设的种种新举措、新方案的实施也需要大量资金去完成，县级基层财政的负担不断加重。县级财政收入增长的不确定性与义务教育支出的刚性特征不相适应，最终导致农村义务教育经费投入短缺问题日益突出。

因此笔者认为，政府间利益关系的变动是城乡教育出现高度分化和失衡的体制性根源。随着改革开放的发展，政府间的利益结构发生剧烈的变动，相应的公共管理体制改革却没有及时跟进，最终造成了体制上的不协调，事权和财权的剥离，基层公共服务的质量下降。

2. 各级政府对教育投入的责任与其财政能力不相称

义务教育作为纯公共物品在实践上应由各级政府共同承担责任，再由中央或其他较高级别的政府承担最终的转移支付责任，财政性教育经费应该成为义务教育经费的绝对主要来源。事实上在我国，国家财政性教育经费在农村地区仅占35%左右。2006年，中央教育经费占政府教育经费总额的比例仅为10.9%，省级政府教育经费所占比例也只有13.8%。

由于分税制改革没有对省级以下各级政府之间的体制调整指明方向，各地省级政府纷纷仿效中央的做法，加强本级政府的财力，造成省以下地方财力的上收，直接导致县级财政的薄弱。加上我国规范的转移支付制度建设相对滞后，县级政府财政资金显得更为拮据。有些地方省市级财政集中较多，转移支付的力度又很小，造成纵向间财力差距过大，基层财政发放工资困难。2008 年国家发改委发布的报告显示，中国平均每个县的赤字约一亿元，全国赤字县占全国县域的比重达四分之三。① 另据报道，山西省在实施县级财政平衡奖、消化赤字奖和控制财政供养人员奖政策后，财政赤字额才由 2002 年的 16.09 亿元下降到 2010 年的 5.99 亿元，赤字县由 2002 年 64 个赤字县下降到 2010 年的 15 个县。②

在这种情况下，县一级及乡镇难以支撑庞大的义务教育经费，其教育投入和教育质量可想而知。教育要维持、要"普九"就要举债。审计署公布的对 17 个省（区、市）50 个县的基础教育经费审计调查结果显示：50 个县 2001 年底负债为 23.84 亿元，2002 年底上升为 31 亿元，增长 30%；到 2003 年 6 月底，仅半年时间又增长了 25.7%，达 38.98 亿元。负债增长速度大大高于同期教育经费投入增长速度，负债总额相当于这些地方一年财政收入的 80%。③

近些年，虽然确立了"管理上以县为主，经费投入上中央和地方政府按职责共同分担的新体制"。但因为涉及旧的利益关系的打破和新的利益关系的形成，在行政层级决定行政权威的情况下，新的教育体制的真正有效实施还有待时日。

3. 义务教育制度的城乡推行差异

《中华人民共和国义务教育法》第七条规定，义务教育实行国务院领

---

① 中国每县赤字约一亿 县级财政等于吃饭财政［N/OL］．［2008-04-04］．http://www.stnn.cc/china/200804/t20080404_757665.html.

② 崔晓农．全省县级财政赤字实现"双下降"［N/OL］．［2011-04-08］．http://www.daynews.com.cn/sxjjrb/yiban/1146049.html.

③ 国家审计署．50 个县基础教育经费审计调查结果［EB/OL］．［2007-03-19］．http://finance.sina.com.cn/g/20070319/17141273353.shtml.

导，省、自治区、直辖市人民政府统筹规划实施，县级人民政府为主管理的体制。《义务教育法实施细则》第三十条规定：实施义务教育的学校新建、改建、扩建所需资金，在城镇由当地人民政府负责列入基本建设投资计划，或者通过其他渠道筹措；在农村由乡、村负责筹措，县级人民政府对有困难的乡、村可酌情予以补助。由此看出，实施义务教育的学校新建、改建、扩建在城市及县级的城镇由国家财政投资，也即用公众纳税人的钱，而在农村实施义务教育的学校则由乡、村负责投资，县级财政只是酌情予以补助。乡级财政在相当薄弱的财政条件下，只能继续往下推卸责任，由村来负责。村级又没有财政能力，只能把建校的责任落实到农民的头上。这项立法看似可广泛调动社会各界投资义务教育积极性，实则为政府责任转嫁提供了制度基础。

"重城轻乡"的教育制度客观上加剧了义务教育的城乡分化和失衡。城乡二元教育格局——城市的教育国家办，农村的教育则靠教育费附加和各种名目的教育集资转移到农民身上成为城乡基础教育不公平的根源。这项制度长期实行的后果之一，就是人们对此现实逐渐习以为常，形成了教育公共政策中"城市中心主义"的价值理念和"城市优先"的思维定势。国家对教育的投入主要用于城市地区，教育部门在办学条件、教育经费、师资等资源配置上，主要用于或优先用于城市学校，而最需要扶持的广大农村地区得到的资源远远少于城市，从而使得城乡差距越来越大。

二、城乡教育不公的衍生：城乡二元结构下的教育政策性弊端

1. 城乡基础教育政策定位偏差

教育政策定位是政府制定教育政策时的起点，是规划设计各种教育层次和教育类型的依据，决定着所有教育政策的价值取向、达成目标以及社会效应。如果教育政策的定位出现失误，制定出来的教育政策就会产生一

系列的问题。

在当前的教育政策制定中，由于受城乡二元结构和赶超型现代化发展路径的影响，在经济本位教育价值观和效率优先等观念的支配下，优势教育资源不断向城市集中。城市在教育政策制定与教育资源分配上掌握了绝对话语权，无论是教材、教法，还是培养出来的教师，都依照城市发展模式来定位，但实际上城市的发展模式定位不能完全适应农村的情况。

首先，农村四年级的儿童就开始协助料理农务，小学毕业有可能从事生产活动。但教育政策的制定中并未结合农村的实际出现适合农村主题、农村文明与生产的内容。其次，农村教师队伍质量、教育条件和城市相差很大，但城乡却使用相同的义务教育课程标准，因此农村完成义务教育的任务非常艰巨。最后，现行的考试评价体系中，也完全忽略了农村学生所处的环境。这种考评制度将农村中最优秀人才选拔至城市，无形中将农村的基础教育改变成应试教育，这与培养高素质劳动者的教育目标大相径庭。

实际上，当今农村正面临着两个巨大转变：一是城市化，即随着经济的发展，大批农村人口向城市聚集；二是农业的现代化，即传统农业要被现代农业所取代，粗放型的农村发展模式要逐步转向现代化大规模机械化发展模式。因此，农村的教育政策应该根据这两个转变进行定位，农村的教育也要相应注重两方面的发展，一方面要培养出适应现代城市要求的公民，另一方面要培养出适应现代农业要求的公民。而我们看到，现在的教育政策制定大多只能让农村的学生更了解城市发展现状，成为城市建设的向往者。当农村最优秀的人才都离开农村时，进一步拉开城乡之间的发展动力与速度就成为必然。

因此，教育政策的制定理应将城乡定位为双主体，而不是一边倒。在城市教育定位上，应当培养出一批符合现代社会所需的、具有较高文化素质的、对农村发展具有一定了解的城市公民；在农村教育的定位上，要以实现农村现代化为目标，建立符合社会主义新农村建设的教育体系，保障农村发展所需的各类人才资源，同时也为城市的发展准备素质优秀的后备军。

2. 教育政策资源调节的短缺和矛盾

我国教育的发展属于政策主导型和行政主导型，获得政策资源就可以得到优越的发展机会。教育政策问题成为政策方案后，经过一定的制定程序被合法化并正式出台成为某项具体教育政策。但在实施中可能因制定的偏误或执行走样或环境变化等因素产生新的矛盾，这就需要制定新的教育政策进行调节以化解矛盾。

我国教育政策对教育公平的制约正是表现在政策调节不力上，相关政策对于现实中的教育不公平问题不能起到有效的调控作用，从而引发新的教育不公平现象。政策调节不力表现在两个方面：一是既有的政策资源短缺，不能针对现实中的教育矛盾及时制定和实施相应的政策，或者虽及时制定了政策，但因作用有限不能从根本上解决问题。如我国政策对受教育者权利、机会保障方面存在资源性短缺，这种资源性短缺直接体现为农村青少年享受不到政策所赋予的同等待遇而成为被政策"边缘化"的弱势群体，又如在教育投资政策方面，我国早在 20 世纪 90 年代初就确立了预算内财政性教育经费占 GDP4% 的指标以及"三个增长"的目标，但这一指标至今仍未达到，"三个增长"也有很多地方没有落实。根本原因在于这项教育政策缺少具体的进一步保障性政策措施，同样缺少责任追究机制或惩罚性措施，以至于形同虚设。

二是调节后的政策和现有运行的政策相互抵触，或是政策有多种表现形式，彼此缺乏整合性和协调性，又或是就某类教育问题同时执行多种政策，彼此相互抵触排斥。如"就近入学"政策因为实施过程中产生了因择校带来的高收费，损害了教育公平。政府于是颁布了在义务教育阶段禁止择校的政策，并取消"小升初"入学考试，同时制定了在公立学校通过进行"电脑派位"来达到就近入学目的的政策。但事实上，由于受我国优质教育资源供求矛盾的制约，这项政策不具备实施的条件，在实践中异变为催生进一步择校、扩大学校差距的政策。如原重点学校初中部成为实行高收费的"改制学校"，变相高额"择校"。

3. 教育政策的民主性缺失

温家宝总理在十届全国人大二次会议上所作的《政府工作报告》中，曾阐述过要进一步完善公众参与、专家论证和政府决策相结合的决策机制，保证决策的科学性和正确性。加快建立和完善重大问题集体决策制度、专家咨询制度、社会公示和社会听证制度、决策责任制度。这说明在现今的决策体制结构中，决策过程的参与者和主体并不能仅仅是政府，而应在公众、专家和政府之间形成一种决策权的分配结构和权力行使的制约机制。但在现实社会中决策过程尽管可以看到公众和专家的身影，但他们的参与更多是点缀性的、符号化的，并不能形成对政府行使决策权的理性化制约。

我国《行政法规制定程序条例》（2002 年版）第 19 条第 2 款规定：重要的行政法规送审稿，应报国务院同意，向社会公布，征求意见。第 22 条规定：起草的规章直接涉及公民、法人或者其他组织切身利益，有关机关、组织或者公民对其有重大意见分歧的，应当向社会公布，征求社会各界的意见；起草单位也可以举行听证会。可以看出，这些条文显得过于原则，不够明确，给行政机关留下了很大的自由裁量的空间。如何"公布"，没有相应的程序规定；公民如何提交评论、行政机关如何受理、评论期是多长，也没有相应的规定。"公布""征求意见"显得可操作性不强。从立法层面看，立法者并没有真正把公民参与立法、参与公共政策的决策看成是公民的应有权利，没有从公民权利保障的角度去设计公民参与公共政策决策。

一般来说，专家对事实性、技术性问题具有精确的分析，在知识的认知和提供方法上，通常可以以可检验甚至是可计算的方法来进行，因此对公众基于利益诉求和情感而提供的知识(特别是事实判断)可以提供一种校正机制,而且,由于专家是以"中立的"咨询者身份出现,他们所提供的知识也通常被假定为客观的,价值无涉的。在我国,如湖北、成都等地都出台了相关建立教育政策专家咨询库的文件,可是具体操作上,在专家如何参与教育政策的决策过程却很少有比较明确的规定。《成都市新都区教育局重大行政决策事项专家咨询论证制度(试行)》规定:"成立新都区教育决策咨询专家小组。其主要任务是:根据区政府与本局决策需要,围绕我区教育改革与发展中的全局性、长期性、综合性问题进行战略研究、对策研讨等,提供决策方案和建议。""重大教育政策调整以及其他急需事项等重大决策,在提交本局党委会议讨论或向上级机关报送之前,一般应当经专家咨询论证。"①由此可看出,专家在教育政策决策过程中,仅是教育行政部门在形成意见过程中的一种补充途径,没有独立的法律地位。

听证会制度主要是为了体现程序正义和公平,通过程序上的制约防止政府权力任意行使。可事实上,在听证会制度具体实施过程中,往往出现这样的现象,即最终方案既没有采纳参与者和一般公众的意见,也没有对他们的意见及理由做出回应,这往往导致参与者心理上的挫败感,使他们对自己所参与的听证深感失望和厌烦。而从决策机关而言,由于听证既不会对现行决策体制结构及其决策权产生实质性的影响,又可以为最终决策提供各种"资源",而决策方案经过了各方代表的讨论、论证,万一后来的事实证明决策失败,听证会也可以为决策机关分担决策失败的责任。因此他们往往会认为这是一种"成功的制度和实践"。这种滑稽的现象充分说明了听证会制度没有损害决策机关独享和行使决策权这一根本的体制性结构,甚至在某种程度上还强化了这种权力。可见,真正在中国彻底推行和发挥听证会制度的作用,还需要经过长期探索。

---

①　成都市新都区教育局重大行政决策事项专家咨询论证制度(试行)[N/OL].
[2008-4-18]. http://www.chengdu.gov.cn/GovInfoOpens2/detail_allpurpose.jsp? id=6UHEJrgUbouqmv9hAQQo.

三、城乡教育不公的扩大：城乡二元结构下社会分层和教育公平的相互影响

1. 我国城乡二元结构下社会分层对教育公平的影响

厦门大学谢作栩教授及其博士生王伟宜对陕、闽、浙、沪部分高校在校学生家庭所处社会阶层进行了调查。调查显示，"国家与社会管理者、经理人员、私营企业主和专业技术人员"这四个社会较高阶层家庭的辈出率为 2.78~6.27，约为平均数 1 的 3~6 倍。"商业服务业员工，产业工人，农业劳动者和城乡无业、失业、半失业者"这四个社会较低阶层家庭的辈出率则明显低于平均数 1。其中高低阶层的辈出率的最大差距为 14 倍，也就是说，私营企业主阶层子女接受高等教育的机会是城乡无业、失业、半失业者阶层子女的 14 倍。① 这充分说明我国城乡二元结构下，只要存在社会阶层的分化和社会经济地位的差别，教育机会和受教育的结果都难以做到完全平等，这主要体现在以下几个方面：

首先，社会分层对学生占有文化、信息资源的影响。家长对子女所提供的教育设备和文化环境与他们受教育程度和经济收入有着直接的密切关系，这些都影响到子女的学业成绩。在中国，社会层次高、经济条件好的家庭可以为子女提供更好的学习条件，如为其购买电脑、书籍和报纸等。另外，不同社会阶层之间存在的信息不平等状况也影响着学生在教育过程中对信息资源的占有。中下层家庭由于各方面条件所限，对社会的人才需求及未来的人才市场趋势的认识往往不及中上层家庭，因此，他们的子女在选择学校和专业上存在一定的盲目性、随意性和保守性。

其次，社会分层对学生价值观、知识和能力的影响。从一般意义来

---

① 谢作栩，王伟宜. 高等教育大众化视野下我国社会各阶层子女高等教育入学机会差异的研究[J]. 教育学报，2006(2)：65-66.

说，中下层家庭的子女在学业上更具有吃苦耐劳的品质。但在相同努力程度下，社会中上阶层的子女的个人综合素质却普遍比其他阶层子女要好，获得优异成绩的可能性也相对高一些。这不仅仅因为中上阶层家庭能够提供良好的学习资源和条件，与此同样重要的是，这些阶层总体上父母的受教育程度比较高，具有较优越的文化资本。这种文化资本作为一种通过继承而得来的语言和文化能力，对学生的学习成绩具有潜在的影响。它不像经济那样容易受到外界干扰而波动较大，因而有更强的代际传递性。这种文化的传递更间接、更具隐蔽性，却进一步强化了社会阶层文化方面的非均衡状态。

最后，社会分层对学生受教育年限、占有学校教育资源的影响。由于我国学生的学费及其他开支的主要来源是家庭收入，在我国城乡二元结构下，贫富差距的拉大使得很多的家庭因为经济困难不得不放弃子女接受高等教育的机会。一些家长考虑到子女的成绩很难有所突破，考大学无望，即使考上大学，三至四年的大学费用对其家庭来说也很难承受，于是很多本该上高中的学生就中途退学了。

2. 城乡二元结构下农村教育社会分层、流动功能的弱化

在现代社会中，一个社会开放程度的高低可以用教育实现社会分层的公平性和社会流动率的高低来衡量。这主要表现在作为个人进步和向上流动的阶梯，教育是一种合理的社会流动机制。受教育程度作为获取社会资源的一项重要指标，越来越多的社会中下阶层通过教育和考试制度完成了向上流动的过程。更重要的是，教育是一种相对公平的竞争机制，通过接受教育获得一定程度的社会地位提升的机会，对于所有人来说，这种机会都是相等的，因此相对也是公平的。凭借这一途径实现向上流动的人数越多，机会越多，就越会刺激社会弱势阶层的成员通过教育手段实现社会的合理流动，形成一种积极向上、奋发进取的局面。

农民在中国，不单单是一种职业，更多意义上是一种阶层和社会地位的象征。相对于城市学生而言，教育对于农村学生的意义更为重大。他们

不仅要通过教育填补与上层阶层后代的先天因素差异带来的鸿沟，更要在学校教育中取得较好的学业成就，以获得"比较优势"来获取相应的职业，以此来改变父辈的底层社会地位。由于中国的城乡二元结构，城乡学生在教育起点和教育过程上享受着不公平的待遇。随着这种影响的深入，农村教育的社会流动功能正在不断弱化，这主要表现在以下几个方面：

首先，农村青少年辍学率提高，使教育的社会分层功能无法发挥。根据东北师大教育研究所 2004 年的调查，约有 53% 的辍学学生的流失原因是厌学，而非贫困。导致厌学的原因主要有三个：一是升学压力使得中小学普遍存在着教学要求过高、考试偏难的倾向。由于农村教师素质普遍较低，教学方法陈旧单一，教育方式简单粗暴，歧视后进学生。同时，课程设置和教材内容也严重脱离农村实际，农村学生的学习积极性完全调动不起来。二是新的"读书无用论"的影响。许多农民家长认为，供孩子上学不一定能考上大学；考不上大学，还不如早让孩子干活挣钱。即使考上大学，几年的大学学费又是一笔很重的负担，再加之如今的大学生就业困难，于是选择让子女辍学。三是农村生活逐步富裕，也使农村学生失去了求学上进心。辍学率增加阻止了农村青少年向上层社会的流动，他们的未来是与父辈一样的底层社会地位，也彰显了教育的社会分层功能的失效。

其次，农村学生获得的接受较好教育或高等教育机会降低，使教育的社会分层功能低效。乡办小学、初中在教学投资、教学质量上和城市的差别，使得农村学生向上流动的通道在高中阶段就变得非常狭窄，大多数农村学生在进入高中阶段的门槛前就被拒之门外。能够进入高中学习的学生也是在家长经过再三斟酌和权衡，在三年后可能考上大学的前提下才获得学习机会的。再加之普通高中内部的重点学校制度，再一次带来城乡学生不同的教育机会，直接影响了他们将要获得高等教育的机会。

再次，随着社会经济的发展，社会成员教育水平普遍提高，社会普遍出现"学历贬值"现象。随着大学生数量的增多，农村大学生的就业形势更加严峻。大学毕业生和农民工的经济收入相差已不明显，其区别可能仅仅是工作环境和方式。这样，读大学已经完全不具有地位取向的意义，而只是为了获得相对轻松舒适的工作。

最后，农村学生和家长对学校教育分层功能期望降低，主动选择了放弃接受教育，教育实现社会分层的作用也就越发弱化。1980 年代由于学校教育(尤其是累积到高等教育阶段) 能为农村学生带来较高的社会地位，在农村社会享有较高声望和荣誉，使得农村学生和家长认为考上大学可以出人头地。进入 90 年代后，农村学生和家长的期望开始出现了两极分化：一极仍坚信学校教育能为他们的地位升迁和生活状况的改变提供最可靠的帮助，在经济条件较差的情况下仍对教育给与最大的投资；另一极则认为学校教育会使其家庭越来越贫穷，因为他们不仅不能外出务工获得经济收入，而且还要额外地付出学费、生活费等费用，毕业后也不能赚大钱。

3. 城乡二元结构下社会分层和教育公平的相互影响

由以上的分析可以看出，在我国城乡二元结构下，社会分层因素和教育公平之间相互的影响，其实是一个恶性循环的过程。只要目前的城乡二元结构得不到根本的改革，就终将使得社会阶层的分化加剧，导致教育的不公平。而教育不公平将进一步阻碍教育对社会各阶层的良性流动，加大社会经济地位的差别。因此，单纯通过教育制度政策的改革并不能完全实现教育公平，只有弱化城乡二元结构才能从根本上带来教育公平的推进。

可以看出，城乡二元结构是导致城乡教育不公的根本原因，只有改革宏观经济政策以促进二元经济结构转换，使用强制性和诱导性制度变迁以消除二元户籍制度，因地制宜地推行城乡一体化战略以消除城乡二元社会结构，最终达到城乡二元结构的弱化及良性发展，才能从根本上实现我国城乡教育公平。教育是政府的公共服务产品，完全受政府的管理和调节，因此政府主体在教育制度中所起的作用是影响教育公平的主要因素。

四、实证研究：由农村义务教育可及性的相关社会问题看城乡二元结构下的教育弊端

追求教育公平是我国建设社会主义和谐社会的重要议题。由于我国正经历着发展中国家工业化过程中普遍遇到的城乡二元经济结构问题，同时，还由于历史原因呈现城市社会与农村社会长期分割的二元社会结构，城乡教育不公成为实现教育公平最突出的问题之一。所谓农村义务教育可及性，是指在农村地区九年制义务教育得以全面地完整地健康地实行。但是，在我国城乡二元结构体制下，城乡教育的不公使得农村义务教育的全面实施面临着一系列挑战，这些挑战逐渐演化为具体的社会问题。

1. 关于农村义务教育可及性相关社会问题的文献及实证研究

（1）农村儿童入学率得不到完全的保障，仍然存在一定比例的文盲

根据教育部 1997—2003 年教育统计数据，城乡适龄儿童入学率的差异保持在 0.6~1 个百分点的差异水平。由于农村适龄儿童的基数较大，即使是 0.6 个百分点的差异，也足以产生较大规模的失学儿童。实际上，如按照相同的城市儿童入学率，我国农村每年可以增加 50 万~70 万的入学儿童。国家统计局对扶贫开发工作重点县的监测报告显示，2002—2004 年，国家扶贫开发工作重点县的适龄儿童入学率只在 95% 左右。以 2004 年为例，国家重点扶贫工作县 7~12 岁儿童的失学率为 4.2%，重点村的失学率为 5.7%；13~15 岁儿童的失学率为 9.3%，重点村则达到了 10.8%。

农村儿童入学率得不到完全的保障，文盲自然随之而来。根据第 5 次全国人口普查结果，2000 年我国 15 岁及以上的人口中仍有文盲 8699.2 万人，其中，城市常住人口占 12.8%，县镇人口占 9.7%，而乡村人口则占 77.5%，也就是说，有超过 3/4 的文盲分布在我国农村。巨大的文盲人口

已经成为我国农村地区摆脱贫困、提高劳动生产率和改善生活水平的重大障碍。

(2)农村初中学生流失问题

近年来，初中生辍学率持续升高趋势已引起广泛关注。针对这个问题，笔者专门在湖北省S市农村的几所初中进行了调查。调查借鉴了海内外学者的观点，采用了三个维度的体系：学校初中毕业生去向；农户、务工农民、学生对教育的需求；农村学生不想上学的原因。问卷调查采用整群、分层抽样法选取样本，在S市农村四所初中分别随机抽取一个教学班对家长和学生进行问卷调查。

农村初中学生总体辍学情况：调查结果显示，尽管每所学校每年辍学绝对人数有增有减，但每年辍学人数占当年在校生总人数的比例是呈一个上升的趋势，有的学校的辍学率竟然超过了10%。这说明至少在部分农村初中学生辍学现象有增无减，农村义务教育并没有因为国家对教育投入的增加而得到完全实施(表4-1)。

表4-1　四所农村初中学校近三年辍学情况

	2007 年		2008 年		2009 年		备注
	辍学总人数	占在校人数比例	辍学总人数	占在校人数比例	辍学总人数	占在校人数比例	
A 初中	42	7.1%	37	8.3%	40	8.8%	不包括没有参加中考但基本完成初中学习的学生
B 初中	46	8.9 %	49	9.1%	52	10.1%	
C 初中	57	9.8%	60	11.2%	53	9.7%	
D 初中	34	6.3 %	39	6.7%	41	8.4%	

农村初中学生毕业后去向：调查结果显示，近三年来的农村初中毕业生不能继续升学的人数始终占毕业生总数的一半以上。2007 年至 2009 年升入普通高中和职高以及中专的总人数分别占毕业生的比例为 40%、

43%、45%。虽然升学率在逐年提高，但都未超过半数，而初中毕业生务农或外出打工的比例三年来分别为 40%、41%、41%，再加上从事其他职业的人数，显然，农村初中毕业生中直接从业的人数比升入普通高中的人数要多，绝大多数完成了九年义务教育阶段的初中毕业生，将会通过进入中专中职培训成为技术人员或直接成为社会务工务农人员(表 4-2)。

表 4-2　四所农村初中毕业生的去向情况

	2007 年		2008 年		2009 年	
	人数	占总人数比例	人数	占总人数比例	人数	占总人数比例
毕业总人数	613	100%	627	100%	601	100%
升入普通高中	156	25%	189	30%	173	29%
升入职高中专	92	15%	84	13%	95	16%
务农务工	243	40%	259	41%	248	41%
无业或其他职业	122	20%	95	16%	85	14%

农户、务工农民及农村初中学生对教育的需求：调查结果显示，尽管上大学是人们的普遍愿望，但农村家庭的学生和家长同时认识到，上大学不是一件容易的事。他们还认为，就算上了大学也未必能找到好工作。因此，近一半以上的家长和学生从实际出发，读完初中之后选择作为技术工人或农民就业(表 4-3)。

表 4-3　农户、务工农民、学生对教育的需求

	读书的目的和就业理想			
	升大学	升中专、技校	成为技术经营型农民	其他或不明确
农户	46%	39%	11%	4%
务工农民	59%	31%	0	10%
学生	51%	30%	2%	17%

111

农村初中学生不想上学的原因：调查结果显示，农村初中学生不想上学的原因是："老师教学方法简单""学校教学设备不足""学校生活太单调""学习内容枯燥"。在参加调查的学生中，有59.3%的学生曾经有过"不想上学的想法"，只有38.2%的学生"从没有过不想上学的想法"。在回答"你认为学校可以在哪方面进行改进"时，有近78%的学生提到"改善学校伙食""改善学校住宿条件"。可见，农村中小学教育经费短缺，教育水平低，学习条件差，使得农村的中学生毕业后大多难以适应以后的系统学习，逐渐对学习失去了兴趣。

值得注意的是，调查发现，对辍学学生学校所采取的补救措施，就是班主任例行公事地进行一些家访（表4-4）。

表4-4　农村初中学生不想上学的原因

题目＼选项	是	不知道	不是
家里经济困难	11.3%	10.7%	78%
学习内容枯燥	57.8%	11.4%	30.8%
跟不上学习进度	42.1%	9.2%	48.7%
老师教学水平欠佳	49.8%	13.5%	36.7%
学校教学设备不足	60.7%	12.1%	27.2%
老师教学方法简单	62.3%	9.5%	28.2%
学校生活太艰苦	53.2%	14.6%	32.2%
学校生活太单调	59%	11.3%	29.7%
学校管理太严格	25.9%	18.4%	55.7%
想早点赚钱养家	30.7%	32.9%	36.4%

教育作为当代社会实现社会流动的主要动力机制，是农民改变底层地位，通向较高社会阶层的阶梯，也是农村学生寄予教育最大的期望。但

是，在城乡二元教育体制下，农村家长和学生渐渐对教育产生了信任危机，这种信任危机带来的危害，无论是对学生本身还是社会，都是巨大的。

（3）农村留守儿童义务教育问题

农村"留守儿童"是指农村地区因父母双方或一方长期（6个月以上）外出务工、经商或者学习而被滞留在户籍所在地并因此不能和父母双方共同生活，暂由父母双方中的一方、亲戚、朋友、老师等监护、代养的18周岁以下的未成年孩子。农村留守儿童是在我国经济社会转型时期，伴随着我国工业化、城镇化的进程和大批农村劳动力的转移而出现的一个特殊社会群体。自20世纪90年代以来，大量农村劳动力进城或到沿海发达地区务工，由此出现了"民工潮"。由于大多数的农民工无力将孩子带到城市读书，或者因为城市并未给他们提供适于其子女健康成长的教育环境和生活保障条件，导致他们不得不和孩子较长期地分居异地生活。可以肯定的是，在我国工业化和城市化进程加速推进的过程中，农村大量的剩余劳动力转移和大规模的人口流动仍将继续下去。在这种转移和流动的背后，存在着大量的留守儿童，并且数量在不断增加。

针对这个问题，笔者曾在湖北省S市农村的几所中学进行了调查。调查数据表明，留守儿童中，学习成绩"优"的占31%，"良"的占39%，"一般"的占20.8%，"差"的占9.2%。从调查数据可以看出，相当一部分留守儿童的成绩属于中等偏差。一些孩子因长时间见不到父母而产生强烈的思亲情绪，导致上课注意力不集中、听课效率低下、学业成绩下滑。在心理健康方面，"认为生活很美好、对生活充满希望"的仅占24.8%，而对此问题持"不确定"看法的占22.3%，持"不同意或非常不同意"看法的占52.9%；"经常感到孤独、压抑、苦闷"的占43.8%，而对此问题持"不确定"看法的占32.7%，持"不同意或非常不同意"看法的占23.5%。访谈中，相当一部分留守儿童表示，在学习上遇到困难或取得成就时，他们希望父母能在身边安慰、鼓励自己。实际上，他们非常渴望父母能经常关注他们的学习。这从一个侧面说明在实际的学习过程中，留守儿童常处于无人监管、无人过问的情况。一部分自律性差的孩子因此缺乏学习动机，厌学、逃学甚至辍学。

调查显示，农村留守儿童的教育问题主要表现在四方面：一是农村留守儿童的学习动力减退。具体表现为留守儿童在父母离开后的一段时期内学习上变得有些消沉，课堂听课不能集中注意力，作业完成情况也不太好。

二是农村留守儿童家庭教育的缺失。留守儿童的监护方式主要以隔代监护和亲属监护为主。监护人通常只是在物质生活上给予留守儿童基本的照顾与满足，很少进行精神和道德上的管束和引导，对孩子的品行习惯的养成及心理上的需求更是缺少关注。这些孩子在生理上与心理上的需要得不到满足，很容易导致情绪消极和情绪过激。而家庭道德教育缺失或家庭道德教育不力更是严重影响着农村留守儿童身心健康成长和完美人格的塑造。

三是父母榜样作用缺失。心理学的研究表明，人类最普遍的学习方式是观察学习，即学习者通过观察、模仿和反思榜样的行为及其后果，从而明白何者可为，何者不可为。在儿童的早期成长过程中，父母是其最重要的模仿榜样。父母不仅用各种直接的形式向儿童传授价值观、人生观和世界观，其日常生活中的为人处世也给儿童以潜移默化的影响。对留守儿童而言，父母长期不在身边，失去了可直接学习和模仿的榜样，而与留守儿童存在严重"代沟"、观念陈旧和知识缺乏的祖辈代养者，不易亲近的上辈代养者及与自己同样幼稚的同辈代养者又很难发挥榜样作用。在榜样缺失的情况下，留守儿童在社会化过程中无法形成正确的道德判断和行为选择，从而缺乏必要的自律性和自觉性，对社会上各种各样的价值观念的辨别能力低，很容易受社会消极文化影响，染上不良恶习。

四是学校管理与教育的失误。由于现行农村中小学寄宿条件缺乏和管理制度的缺陷，很难建成寄宿制学校，不能有效解决农村留守儿童的住校问题，学校对留守儿童的生活和学习问题监管无力，教育力度也不够。

2. 城乡教育不公的根源：城乡二元结构下的教育制度弊端

(1)"财权上移，事权下移"导致农村教育经费投入不足

目前，在我国城乡二元结构下现行的义务教育投资体制，主要还是由地方政府负责筹集和提供；上级政府(主要是省级政府)除了在业务上对其实施统一管理和指导外，只对中、小学教育提供少量专项补助。这虽然有利于调动地方政府和社会大力兴办教育的积极性，增强教育管理与发展的灵活性。但是，把义务教育的投资支出全部下划到地方财政，等于把实施义务教育的责任和义务全部交给了地方政府，从而使义务教育的普及与发展只能取决于各地区的经济发展和地方政府的财政收支状况。

(2)各级政府对教育投入的责任与其财政能力不相称

公共产品理论认为，公共经济和政府介入应限制在市场失效的范围内，而提供公共产品正是政府最主要的活动范围之一。义务教育在理论上应被视为纯公共物品，在实践上由各级政府共同承担相应的责任，再由中央或较高级别的政府承担最终的转移支付责任。与之相对应的是，各级政府应当承担义务教育所需的经费，财政性教育经费应该成为义务教育经费的绝对主要来源。

而事实上，在我国，国家财政性教育经费在农村地区仅仅占 35% 左右。据国务院发展研究中心的调查，目前全国农村义务教育财政经费中，乡镇财政负担达 78%，县财政负担约 9%，省地财政负担约 11%，而中央政府仅负担 2%。① 在我国五级政府机构中，县乡镇政府处在最底层，量大面广。国家开始实施"以县为主"的教育管理体制后，许多县由于县级财政的薄弱，同时，又由于 1994 年分税制改革只是明确了中央政府与省级政府的财力和财权划分，并没有对省级以下各级政府之间的体制调整指明方

---

① 林春霞. 县级政府难扛义务教育大旗[N]. 中国经济时报，2003-01-09.

向。各地省级政府纷纷仿效中央的做法，加强本级政府的财力，从而造成省以下的地方财力的上收，而规范的转移支付制度建设又相对滞后，更是造成县级政府财政资金的拮据。有些地方省市级财政集中较多，转移支付的力度很小，造成纵向间财力差距过大，基层财政发放工资困难。

由此可见，虽然国务院办公厅出台了《关于进一步完善农村义务教育管理体制的通知》，义务教育支出占县级财政支出的比例不断提高。但是，如果县级财力总量不够，即使义务教育支出占财政支出比例有所提高，也不能满足教育发展的进一步需求，甚至连基本的运转也难以维持。

(3)城乡推行义务教育制度的差异

作为对教育资源分配起调节作用的教育制度，理应照顾到社会各个阶层的利益。而事实上，在城乡二元结构体制下，国家在教育方面的公共政策优先满足甚至只体现城市居民的利益。

现代经济学理论认为，政府是一个利益集体，存在着首先满足自身利益的倾向。农村义务教育阶段的学校是政府的附属机构，政府必然会倾向于首先满足自身利益的最大化，然后才会考虑学校的利益。同时，政府会从自身利益最大化的角度考虑义务教育的成本。由于义务教育是一个预期收益，义务教育阶段的学生无法给地方政府带来直接的收益，甚至义务教育搞得好，更多的学生毕业后考上大学会离开家乡，地方政府的投资成本将无法回收，地方利益损失会更大。因此，为了维护自身利益，对义务教育这类公共产品，地方政府希望上级政府或中央政府承担更多的责任。然而上级政府又往往以行政手段甚至立法手段，要求下级政府承担更多的农村义务教育责任，下级政府在无奈的情况下，并非出于本意地承担了更多的农村义务教育责任，这样一级压一级，直到乡级政府成为教育财政主要承担者为止。而乡级财政也在尽量地寻找替代者，唯一的对象只能是农民，农民不得不最终成为农村义务教育投资的主体。

农民自己出资办义务教育，增加了他们的负担，使本不富裕的日子越发紧张。根据《中国教育经费统计年鉴》提供的数据，仅在 1993—2003 年的 10 年间，从农民征收的教育集资即超过 611.8 亿元人民币。事实上，农民所要交纳的各种教育资金不止于此，他们还要交纳高额的学杂费。近年来，一些地方象征性地实施义务教育，免除了学生几元钱的学费，却加码向学生收取各种名目的杂费、课本费，一些贫困地区的小学生每学期也要交 100 多元的各种费用，初中达到 200 多元甚至数百元。这最终导致近年来农村学生的辍学、流失率偏高。

第五章 城乡教育一体化及教育体系 革新路径探索

——我国城乡教育公平的全新开拓

当前，城乡教育一体化作为"城乡一体化"概念在公共服务领域的体现已成为我国发展教育事业，维护城乡教育公平的全新价值追求和实践路径。2007 年党的十七大首次提出"城乡一体化"理念，2008 年党的十七届三中全会系统阐述了其观点，2010 年出台的《国家中长期教育改革和发展规划纲要(2010—2020 年)》更是提出"构建城乡一体化的教育发展机制"，使得城乡教育一体化正式成为我国全新的教育制度政策导向。城乡教育一体化，意味着国家通过城乡教育双向沟通、良性互动来进行我国城乡教育均衡发展的模式和战略探索。如何更好地解读这一理念，挖掘我国二元教育结构困境背后深层次原因以及探索我国实现城乡教育一体化的教育体系革新路径，成为当前急需解决的问题。

一、"城乡教育一体化"理念的产生背景和内涵解读

在党的十八大以来城乡一体化工作取得重大成果的基础上，2017 年 10 月 18 日，党的十九大报告提出了在乡村振兴战略下实现城乡融合的新理念。我们认为，这是在新的形势下执政党对于城乡关系的新定位，具有重要的理论和政策价值。在城乡关系上，党的十六大以来共有城乡统筹、城乡一体化、城乡融合等三种提法。我们认为，它们是层层递进的关系。党

的十六大提出"统筹城乡经济社会发展",对策有三大方面,一是加强农业基础地位,积极推进农业产业化经营,开拓农村市场;二是用逐步提高城镇化水平的方法促进农村富余劳动力向非农产业和城镇转移,通过减少农业人口的办法来提高农业现代化水平和农民收入水平;三是坚持党在农村的全面领导,包括加大对农业的投入和支持,通过政策支撑调整城乡关系。应该说,在城乡统筹政策框架下,城乡关系的调整是初步的。在这里,"统筹"是手段,重心在城;采取"以工补农、以城带乡"的方式推动农业农村发展,缩小城乡差距,体现了这一时期的政策取向。尽管党的十七大在部署农业农村工作时仍然以"统筹城乡发展,推进社会主义新农村建设"为主导,但提出了"要加强农业基础地位,走中国特色农业现代化道路,建立以工促农、以城带乡长效机制,形成城乡经济社会发展一体化新格局"。这说明了城乡统筹和城乡经济社会化发展一体化之间的关系,即后者是前者的阶段性目标,是高级阶段。党的十八大把"推动城乡发展一体化"作为推动农业农村工作的总方针,指出:"城乡发展一体化是解决'三农'问题的根本途径",具体措施是:"要加大统筹城乡发展力度,增强农村发展活力,逐步缩小城乡差距,促进城乡共同繁荣。"进一步说明了二者之间目标和手段的关系,也是发展阶段的递进关系。正是在前些年城乡统筹、城乡一体化发展的基础上,党的十九大提出"建立健全城乡融合发展体制机制和政策体系",即通过体制机制的建立和政策体系的构建,促进城乡之间的水乳交融,互为发展条件,谁也离不开谁。可见,城乡融合是更高的发展阶段。城乡融合包括以下几方面内容:一是要素融合,即城镇要素和农村要素融合,包括劳动力、资金、土地等要素,在城乡利益趋同的条件下,上述要素既可以从农村向城镇流动,也可以从城镇向农村流动。二是区域融合。城市是农村的前厅,农村是城市的后花园,城在村中,村中有城,城中有农(花园城市、城市农业),二者之间的边界越来越模糊,但功能清晰,发展互补。三是生活方式融合,由于农村基础设施日益健全,农村人的生活水平、生活方式和城市社区日益趋同。在电商越来越普及的情况下,城市居民也能吃到当天采摘的瓜果蔬菜;在社区支持农业模式下，城市居民在周末也可以到郊区享受一下田间劳动的乐趣。生活方式的融合极大地提高了城乡居民的生活质量，成为新时代的重要特征之一。党的十九大报告指出，中国特色社会主义进入新时代，这是我国经济社会发展新的历史方位。在新时代新形势下，乡村振兴战略应运而生。第一，乡村振兴战略的提出，是城乡融合的必然结果。如前面所分析的，党的十六大以来，执政党在城乡关系的处理上从统筹城乡发展到城乡一体化发展，再到城乡融合发展，经历了三大阶段。目前，尽管农业的竞争力有所提高，农村的面貌有所改变，但城乡差距依然明显，深层次融合的条件尚不具备。第二，截至 2017 年底，常住人口城镇化率达到了 58.52%，到 2020 年可望超过 60%，住在城镇的人口越来越多，对农业农村的需求越来越大，农业农村已经变成了稀缺资源。发达的城市需要发达的农业农村与之相配合和衔接，否则，城市发展失去支撑则难以持久。可见，在城乡融合语境下，乡村振兴不仅是农业农村发展的必然命题，也是城市向更高级阶段发展的必然要求。第三，国家统计局公布的数据表明，截至 2017 年底，全国居民人均可支配收入 25974 元，其中，城镇居民人均可支配收入 36396 元，农村居民人均可支配收入 13432 元。城镇居民的恩格尔系数为 28.6%，农村为 31.2%，二者平均为 29.9%，根据国际通用的标准，中国居民生活整体上进入了"富足"阶段，从而对于食品的质量、安全性和品牌有了更高的要求；闲暇的时间更多了，旅游需求转化为休闲观光；住在城镇的人口增加后，对"乡愁"这种看不见、摸不着要素有了更高的需求；等等。在新时代，人民日益增长的美好生活对农业农村的需要和农业农村发展不平衡不充分之间的矛盾更加尖锐，并且呈复杂化、多样化的特点。这就要求乡村振兴，实现农业农村现代化，不能让农业农村现代化拖了整个国家现代化的后腿。所以，尽管农业增加值占国内生产总值的比重已经降到 9% 以下，但农业农村的地位越来越重要。

可以看到，"城乡一体化"理念提出的根源性背景是我国长期存在的城乡二元结构。城乡二元结构是发展中国家工业化过程中必然出现的经济现象，著名的发展经济学家刘易斯较早就提出，发展中国家并存着以传统生产方式为主的农业和以现代制造业为主的现代化产业,并通过模型说明工农业之间的二元经济结构转化实质上是一个经济增长的过程。通过西方发达国家的城乡二元结构发展历程可以看到,城乡二元结构分为两种,良性的城乡二元结构是在城乡公平发展的状态下,不断弱化直至消失的城乡二元结构。这种城乡二元结构中农业、轻工业、重工业保持适当比例,通过实施合理的城市化战略、有力的支农政策来促进农村劳动力来进行不断转化,从而最终实现城乡的平衡发展。而恶性的城乡二元结构中农业、轻工业、重工业发展比例失调,片面突出工业发展,忽视农业发展,城市化和农村剩余劳动力转移速度缓慢,同时也引发大量社会问题。我国由于历史原因,在过去一直发展着恶性的城乡二元结构,我国的城乡二元结构不仅表现为现代工业部门与传统农业之间的二元经济结构,还表现在城市社会与农村社会长期分割的二元社会结构。因此,2008年党的十七届三中全会提出的我国总体上已进入以工促农、以城带乡的发展阶段,进入着力破除城乡二元结构,形成城乡经济社会发展一体化新格局的重要时期,正是为了根本改变过去恶性的城乡二元结构发展模式,进入良性发展的过程。

在我国城乡二元结构下,我国城乡教育差距成为一个严酷的现实。教育作为提高人的内在素质以消除外部条件影响的工具,原本是缩小社会差距的重要手段之一,但现实是,城乡教育的差距同样在进一步加大,这将直接导致我国未来城市和乡村居民在知识结构、经济地位和收入方面差距的扩大。实行城乡教育一体化,促进城乡教育交流、共生、互动,比"缩小城乡差距"有着更深的内涵,其主要表现在三个方面:第一,教育定位的城乡融合。改变过去单向服务城市的教育定位,在城市教育定位中融入农村教育元素,调动城市学生建设服务农村的热情,引导他们参与农村建设和发展。在农村教育的定位上,要以实现农村现代化为目标,建立符合社会主义新农村建设的教育体系,保障农村发展所需的各类人才资源,同时也为城市的发展准备素质优秀的后备军。第二,教育资源的城乡均衡。彻底改变国家对教育的投入主要用于城市地区,教育部门在办学条件、教育经费、师资等资源配置主要或优先用于城市学校,广大农村地区得到的教育资源远远少于城市的问题，促进城乡公共教育资源均衡化配置。通过推进城市教育对农村教育的反哺，城乡教育资源优势互补等措施，实现城乡教育共赢发展。第三，教育对象的城乡普惠。改变过去功利的教育对象观，打破城乡教育对象身份限制，扩大各类教育的受众人数和规模。创新农村教育准入和参与机制，使得现代终身教育体系惠及每个社会成员。从城乡教育一体化包含的范围来看，由于农村人口向城市地区的大规模迁移，城乡教育一体化不仅要包括城乡之间，更要发生在城市内部；不仅要缩小城乡教育差距，而且要从观念和制度上改变城市内部对农民工及其随迁子女的教育歧视。城乡教育一体化的教育体系应包括三个层次：核心层次（学生培养制度和教育质量评价制度）；外围层次（教育投入制度、教育人事制度和入学招生制度）和保障层次（教育管理制度和办学制度）。

二、城乡教育公平：体制性障碍及其改革路径探索

教育作为提高人的内在素质以消除外部条件影响的工具，原本是缩小城乡差距的重要手段之一，但我国城乡二元社会结构下的二元教育体制，却扩大了城乡教育的差距，导致我国城市和乡村居民在知识结构、经济地位和收入方面差距的扩大。因此，如何在加快我国二元经济结构转化、弱化城乡二元社会结构的同时实现城乡基础教育公平，破除二元教育体制性障碍是问题的关键。

1. 城乡二元结构下导致城乡教育不公的政府教育体制局限性分析

"以县为主"的教育投入体制主要是为了配合农村税费改革，从实际运行效果来看，它明显偏离了教育公平的导向。权力集中的政府主体往往有多重控制目标且互相冲突，有限理性及自身特殊利益需求等使得政府主体很难协调好它们的关系，从而顾此失彼。政府的教育保障和监管职能弱化更是加重了体制性教育不公的现状，成为现行政府教育体制的局限性

所在。

(1)教育体制运行缺乏配套制度的同步改革

制度的变革作为系统工程要求那些不可分离的制度与其同时变动，要做大量准备性工作和辅助性工作。从运行反馈来看，"以县为主"的教育投入体制有明显行政控制色彩，缺乏对那些不可分离的制度进行同步改革的力度。显然，这个教育投入体制面临的投入短缺的矛盾，在很大程度上与财政预算制度有关。"以县为主"的教育投入体制要求县级政府承担农村义务教育投入的大部分，却没有对财政转移支付制度进行同步改革，从而使得部分县级财政无法承担庞大的教育费用。一方面，中央教育行政机构及相关职能部门直接干预教育状况，教育管理权、资源分配权集中于高层教育管理机构，地方自主管理难以发挥积极性和主动性。另一方面，中央与地方事权与财权却不对等，各级政府财政教育负担比例没有合理确定，教育管理的权、责、利并没有实现一致。

由于配套性的改革没有到位，在矛盾激化的情况下只有采取临时性应急措施，这些措施往往因为没有制度的保证而缺乏连续性和一致性，因此收效甚微。如针对西部地区中小学危房改造的专项拨款、国家贫困地区义务教育工程等，常常因后续经费投入不足而成为半拉子工程。

(2)管理主义政府模式的诟病

随着教育体制改革的推进，旧的教育管理模式有了较大的转变，但政府在教育管理中的角色定位依然不明晰，中央与地方、政府与学校、政府与市场之间的关系也没有得到真正厘清，"政府本位"的管理模式诟病依然存在。

一直以来，我国传统教育管理模式都是力求最大限度地贯彻政府意志，政府实行自上而下的科层式管理，统一管理教育事务，推行整齐划一的办学模式，教育过程的每一个具体环节都打上了政府本位的烙印。虽然近年来，我国政府逐步推行简政放权，但办学与管理的角色分化尚不明晰，责权等关系也没有得到切实规范。正如我国学者魏志春所论述的：政府教育管理职能的改革方向，应从无所不包的全面管理转向有选择的管理，从直接管理为主转向间接管理，从过程管理为主转向目标管理，从短期管理为主转向中、长期管理，从微观管理转向宏观管理，主要是统筹规划、信息引导、组织协调，以及提供服务和检查监督，① 这应该成为我国政府教育职能转变的方向。

(3)政府的教育保障和监管职能弱化

第一，政府投入教育的总量不足。教育作为一种准公共产品，应主要由代表公共利益的政府来投入。市场在教育投入中固然有其积极作用，但个人在市场中容易盲目追求私人利益而漠视社会利益，即便是极为推崇市场机制的国家也将教育行政部门视为市场失灵部门。但从我国的教育投入来看，政府的投入力度非常有限。教育投入总量不足、教育经费严重短缺成为当前制约教育发展的瓶颈。

第二，政府监管教育收费的缺失。虽然国家已日益重视，但教育违规收费的现象并没有得到明显好转，政府对教育乱收费的监管仍然缺失。教育乱收费近乎发展为行业腐败，这种状况已严重影响正常的教学秩序。2007 年，国家发改委公布了价格违法案件的查处情况，教育乱收费以27637 件的违法数量位居首位。

第三，政府教育行政问责不力。教育行政问责，是指对教育行政部门及其工作人员履行职责的情况进行合理质询与责任追究。履行教育行政职责能否落到实处，关键要靠教育行政问责。目前我国尚未制定专门的教育问责法规，对教育问责的主体、对象、范围、程序、监督等内容都没有明确规定，依然停留在"权力问责"阶段。因此，教育行政部门一直存在"重考核、轻问责"的问题。由于教育投入周期长、见效慢，难以显示政绩，地方政府对发展教育事业热情不高。一些地方虽也推行教育问责，但重形

---

① 马思援. 政府教育管理职能要适应新变化[N]. 中国教育报，2009-04-28.

式、轻内容，仅仅关注教育增长的显性指标，对教育行政部门的失职渎职行为难以实现责任追究。

2. 城乡二元结构下基础教育公平的制度改革路径探索

(1)破除二元教育体制，构建城乡一体化义务教育体制

第一，要细化和明晰中央与地方政府对义务教育分级分类承担经费的责任。管理以县为主，经费投入以省为主，转移支付以中央为主，建立起相对集中的经费投入体制。越是落后地区和省份，经费越要由上级投入为主。中央政府要加大转移支付力度，保证县乡义务教育阶段学校的人员经费和公用经费的落实，支持帮助地方政府改造办学条件薄弱学校，使之尽快达到国家规定的义务教育阶段学校办学条件基本要求；省级政府要通过转移支付保证县乡义务教育阶段学校公用经费和办学条件改造经费的落实。

第二，要建立义务教育的标准化制度。横向上，城乡同一层次的学校标准要一致，不能根据学校设立标准，而是设立标准让学校看齐。纵向上，考虑到生源的波动，标准应该留出机动空间，分出适当层次，在应用时就低不就高，防止铺张浪费和在利益的驱使下学校自我膨胀假发展。

第三，要保证乡村学校得到更多的政策倾斜。加大对乡村学校的经费投入、师资投入，提高师生比率，改善甚至超过城镇学校的办学条件，降低乡村学校中考分数线，留住乡村生源。给予农村教师与城镇教师同等的进修、晋级、个人发展、工资、福利、保险、住房等各方面的地位和待遇，甚至在某些方面超过城镇教师，引导优秀师资和其他教育资源流向乡村中小学。

第四，在有条件的地区试点以学生数为标准，实施城乡义务教育均等化拨款制度，再逐渐推广至全国。对满足教学所必需的正常运行经费做出明确规定，不再分为城镇、农村标准，实行统一的公用经费标准。同时，专门设立农村义务教育专项资金支持农村中小学布局调整、改善办学条

件、消除危房及加强信息化建设、教师培训等项目，为"城乡统一标准办学"提供资金支持和制度保证。

第五，要落实国家对义务教育阶段学校完成国家规定教育目标所需的办学条件的最低经费投入的保障。政府要各司其职，地方政府主要负责所辖区域内义务教育均衡发展问题，尤其关注对本地区农村义务教育的投入。中央政府主要负责全国范围内的非均衡问题，协调、均衡义务教育阶段投入低于全国平均水平的地区，建立义务教育财政转移支付预算，以预算的形式确保县乡义务教育财政投入。

（2）深化政府体制改革，明确城乡教育的权责主体

我国的政府级次较多，政府间没有规范化的稳定的关系模式，使得县乡政府在财政收入分配博弈中处于劣势，从而导致包括义务教育在内的公共事业发展呈现城乡不均衡的态势。要从根本上解决这个问题，关键在于完善政府体制，建立总体上静态稳定和细节上动态平衡的政府间关系，建立统一、协调、高效的公共管理体制。

第一，要以公共政策的高效率、低成本执行为目标，改革乡镇公共管理体制。要精简机构、裁减冗员，对乡镇政府进行改组和撤并。同时，科学制定、严格执行乡镇人员编制标准，实现编制、人事、财政的刚性固定联系。

第二，以"省管县"取代"市管县"，减少公共管理层次。这些年，"市管县"体制的负面效应逐步显现。一些地级市利用其行政优势或借开发区之名，随意改变隶属关系，扩大城市税源，致使县级财政受损。人为多出的一个行政层次不仅浪费行政成本，而且有损于行政效率，造成公共产品和公共服务的低效率供给。以"省管县"取代"市管县"，是实现城乡协调发展切实可行的管理办法。

第三，构建"以省为主"的财政投入体制，促进城乡教育的均衡化。省级政府平均每年财政收入的增长高于预算内教育经费增长，完全可以承担投入主体的责任。实现"以省为主"的财政投入体制，首先要合理划分各级

政府投入分担的比例。按我国各地区财政能力的差别，可以分两种方式实施：在财政能力较强的发达地区，建立省级政府为主的投入责任，比例大概在60%以上，中央和基层政府承担其余的40%；而在财政能力相对较弱的欠发达地区，建立省级政府和中央政府共同承担较大部分投入比例的责任机制，二者共同承担责任的比例不低于90%，其余10%左右由基层政府承担。其次要在全国及根据各省不同情况分别设定义务教育投入均衡化标准。中央政府应根据全国情况设定义务教育投入的最低保障标准，即义务教育的投入能满足学校义务教育办学条件的最低水平值；省级政府根据本省情况设定省内义务教育投入的均衡化标准。这样，一方面使得生均拨款的形式与我国现有的财政投入制度相衔接；另一方面也能够均衡城乡之间教育及省内富裕与贫困地区投入的差距，按照标准多给贫困地区补贴。最后，要规范化、法制化政府间利益关系，合理划分各级政府义务教育投入的职责。可以考虑制定一部《中央和地方政府关系法》，或修改《地方各级人民代表大会和地方各级人民政府组织法》，更具体地规定中央与地方的职责权限，使中央与地方的关系法律化，提高中央与地方关系变更的严肃性，防止盲目性和随意性。①

(3)完善基础教育公共财政体制，构建教育财政转移支付制度

公共财政作为适应市场经济发展需要的财政模式，其职能主要是作用于市场不能有效提供的领域，弥补市场失灵，实现资源的优化配置。国际上，关于教育财政转移支付一般有三种模式，其中美国、英国、日本等普遍采用义务教育专项转移支付制度，直接规定下级政府必须将该项资金用于义务教育，此制度是适合我国义务教育财政转移支付制度的可行模式。

由于我国的城乡二元体制带来的一系列问题，政府除了要增加转移支付资金投入力度和一般性转移支付项目之外，在专项转移支付方面，还要

---

① 张锡恩. 论中央与地方关系的规范化、法制化[J]. 东岳论丛，1996(5)：5-11.

着重向农村倾斜。要加强对农村教师补助和福利的专项转移支付，由此提高农村教师的工资待遇。比如，给予农村地区特别是条件艰苦地区教师特别津贴，支付高于当地一般财政供养人员的各种福利费用，优先安排在农村工作一定年限的教师进修、培训与交流等。同时，我们还可以借鉴法国在1981年制定和实施的"优先教育区"政策，针对贫困地区设立特别教育扶助制度，对处境不利地区的学生给予特别扶助，设立助学金制度、开学补贴制度和上学交通补贴制度，通过高层级政府对贫困地区的特别扶助来实现城乡教育的均衡化。

(4)在利益平衡的基础上建立教育资源均衡机制

任何一项制度，说到底都是对社会公共利益进行分配或再分配。因此，教育制度的制定，必须通过教育决策的集体选择，最大限度地整合、平衡各种不同的利益要求，内在地根植一种有效的利益平衡机制，保证绝大多数人的需要和利益在教育制度中得到充分的反映。首先，要正确认识现有的利益集团的博弈，设计决策活动中多方博弈的共赢机制。其次，要全面考察不同受教育群体的利益诉求，不断推进教育活动的民主化，特别是决策程序的民主化。最后，要选择和设定教育利益分配与平衡的维度，并对这些维度适时进行调整。

把利益平衡落到实处，就是要实现教育资源配置的均衡化。一般来说，教育资源配置的机制分为两种：一种是以决策的集中性、信息传递的纵向性以及动力结构的行政性为特征的计划形式；另一种是以决策的分散性、信息传递的横向性以及动力结构的市场性为特征的市场方式。如何在不同的教育层次和结构中，让上述两种机制有机结合，发挥各自优势，规避劣势，同时，在教育资源的配置中寻求第三种力量，是实现教育资源配置均衡化的关键问题。笔者认为，应该从两个方面着手：一是要坚持发挥政府基础性主导性作用；二是要就教育的公平与效率的现实问题把握一个"度"。具体来说，第一，要通过建立国家基础教育发展基金来确定需要重点优先扶持的对象和范围，以此加快基础教育薄弱学校，尤其是城乡薄弱初中的改造。第二，要通过教育均衡发展系数的设定，对教育资源供求差距做出预警。第三，要通过校际人力资源的流动和共享制度，达到在师资力量上的优势互补。第四，要通过在非义务教育阶段引进民间资金来保障义务教育的经费和资源。

三、城乡教育公平：政策性弊端及其革新路径探索

教育公平是我国构建社会主义和谐社会的重要议题。由于我国正经历着发展中国家工业化过程中普遍遇到的城乡二元经济结构问题，同时，还由于历史原因呈现城市社会与农村社会长期分割的二元社会结构，城乡基础教育不公已成为实现教育公平最突出的问题之一。诚然，城乡教育不公的根源在于体制性障碍，但不能否认的是，我国城乡二元社会结构下的教育政策性弊端无形中导致了由体制性障碍引起的城乡教育不公扩大化。由于教育是政府的公共服务产品，完全受政府的管理和调节，因此当前政府主体在教育政策所起的作用是影响教育公平的重要因素，需要深入探讨。

1. 城乡二元结构下教育政策定位偏差的内在分析

(1)农村与城市的发展定位不清

如前所述，在当前的教育政策制定中，优势教育资源不断向城市集中，城市在教育政策制定与教育资源分配上掌握了绝对话语权，导致城乡差距进一步扩大，因此，教育政策的制定理应将城乡定位为双主体，而不是一边倒，在适当的时候，还应向乡村倾斜。

(2)扶贫与赶超的政策定位冲突

当前，我国针对农村和贫困落后地区的教育政策定位是扶贫，针对城市和发达地区的教育政策定位是赶超，这两种教育政策定位都存在一定的缺陷。

一般来说，扶贫有"供血"和"造血"两种方法。"供血"的主要方法是给钱。对此，国家曾多次拨款用于贫困地区的教育发展，如"贫困地区义务教育工程""农村寄宿制初中建设工程""农村危房改造工程"以及"西部地区'两基'攻坚计划"等一系列工程。但是这些政策都有一个明显的缺陷，就是一次性专项拨款，而不是制度安排。因此只能解决眼前的问题，资金一旦用完就无法解决后续问题。例如，贫困地区的校舍在十年前用专款修葺之后，十年之后又可能成为危房。一次性拨款还在贫困地区形成了"等靠要"的思想，达不到原有的目的。

扶贫的另一个办法为"造血"，即为贫困地区输入技术、资金、人才，让贫困地区能自己进入良性循环。此举具体实施起来也存在很大的难度。由于条件限制，教育政策很难长期维持高位的持续投入，而这种输入技术、人才的方式也不是长久的方法。教育的特殊性决定了它无法像发展经济一样，由挖掘地方资源而得到发展，一个本身已经相当落后的地区是很难从中挖掘教育资源的，因此"造血"的教育政策很难制定并予以维持。

教育政策的目的，是通过提高一个地区的教育水平来改变这个地区落后的经济与社会状况，改善当地群众的生活质量，并且能在某种程度上保证当地的经济进入良性循环，保证他们的下一代有更为系统、全面、先进的认知能力，并在提升自身素质的基础上来整体改变贫困地区的落后面貌。因此，笔者认为，我国教育扶贫政策根本的问题在于，为提高贫困地区的教育水平所采取的手段违背了目的和初衷。作为扶贫的教育政策，绝不能哪边贫困就投入哪边，应当建立全面系统的扶贫规划政策，对贫困地区进行广泛深入调研，了解其存在的客观问题，制定一个更为适合该地区发展的教育政策与方案，使该地区的教育能形成一个良性循环。

城市等发达地区"赶超"的教育政策定位也存在一定的缺陷。所谓赶超，往往以国外教育为标准，甚至直接把国外的指标照搬过来当做赶超的目标，如比生均费用、生均住宿面积、生均教学设备、生均运动场地、课外活动形式等，认为只要舍得投入，就可以"赶超"国外。而事实上，我国在社会环境和教育理念上和外国不完全相同，这种"赶超"毫无意义。

笔者认为，当前整个教育政策的定位始终围绕着教育外在的条件去进行，没有进入到最深的观念层面去定位教育政策。扶贫和赶超都只能作为手段，教育政策定位的根本是要提高整体公民素质，培养有文化知识涵养，能够继续进行自我学习、自我积累经验，富有责任感和使命感的学生。当前最重要的是要确立先进的教育理念，从而以先进教育理念去培养出高素质的师资队伍。

2. 城乡政策性教育不公的深层次原因探讨

(1)教育政策资源调节的短缺和矛盾

我国教育的发展属于政策主导型和行政主导型，获得政策资源就可以得到优越的发展机会。教育政策问题成为政策方案后，经过一定的制定程序被合法化并正式出台成为某项具体教育政策。但在实施中可能因制定的偏误或执行走样或环境变化等因素产生新的矛盾，这就需要制定新的教育政策进行调节以化解矛盾。

我国教育政策对教育公平的制约正是表现在政策调节不力，相关政策对于现实中的教育不公平问题不能起到有效的调控作用，从而引发新的教育不公平现象。政策调节不力表现在两方面：一是既有的政策资源短缺，不能针对现实中的教育矛盾及时制定和实施相应的政策，或者虽及时制定了政策，但因作用有限不能从根本上解决问题。如我国政策对受教育者权利、机会保障方面存在资源性短缺，这种资源性短缺直接体现为其中一部分人享受不到政策所赋予的同等待遇而成为被政策"边缘化"的弱势群体，例如农村儿童和留守儿童。

二是调节后的政策和现有运行的政策相互抵触，或是政策有多种表现形式，彼此缺乏整合性和协调性，又或是就一类教育问题同时执行多种政策，彼此相互抵触排斥。

(2)政府教育决策中的公共职责缺失

教育的公益性质决定了政府在教育改革与发展中的重要职责。我们看到这种公共职责在现实中正在发生缺失。一些教育行政部门过分强调手中的权力，强调个人或部门权威，在决策中为本部门获取利益，而忽视教育的主体——学生和教师的权利。在教育决策制定和执行过程中，一旦遇到困难或问题则逃避或推诿。如在国家危旧学校改造过程中，对学生校舍维修改造敷衍了事，而把自己部门的办公设施打造得十分豪华；一旦遇到改善教师待遇问题和教师分流问题就想办法推给学校解决；在教育经费投入上，推卸作为公共权力部门的责任，想方设法让学校自筹经费等。

政府教育决策中的公共职责缺失集中表现在教育管理体制与投入体制存在的不一致性。自改革开放以来，经济上的竞争观念、产业化观念逐渐渗透到教育领域当中，教育失去了其应有的公益性。某些地方在教育改革推进的过程中不但未能担负起公共职责，反而大行敛财之道。可以看到，乱收费、乱摊派、乱办班等现象屡禁不止，这些行为严重损害了教育的公平性。

（3）教育政策的民主性亟待加强

在现今的决策体制结构中，决策过程的参与者和主体并不能仅仅是政府，而应在公众、专家和政府之间形成一种决策权的分配结构和权力行使的制约机制。但是，现实中的决策过程尽管可以看到公众和专家的身影，但他们对决策的参与更多是点缀性的、符号化的，并不能形成对政府行使决策权的理性化制约机制。

3. 国外促进基础教育公平的措施借鉴

（1）日本促进基础教育公平的措施

日本在促进基础教育公平方面的一些做法，值得我们借鉴：首先，政府提供了充足的教育经费。日本的义务教育经费主要由国家财政负担，其中：国立学校编内教职工的人头费（包括工资和相关福利保障费用）以及学生人头补助费和特殊补助费全部由国家财政负担，学校计划内新增基本设施费用的 1/2 和危房改造费用的 1/3 由国家财政直接负担，其余部分则由学校的设置机构——都道府县及市町村级财政分担。而地方财政所分担的这部分教育经费主要还是来自国家财政的转移支付，所以地方财政所分担的教育经费实际上还是由国家财政间接负担的。其次，均衡教育资源。日本在均衡教育资源方面采取的措施主要有：保证所有中小学校无差别发展。即保证各个学校的硬件和师资的整体水平几乎是在同一起跑线上；采取教师流动制度，保证各个学校之间教学水平的均衡；实行校长轮换制度，此举既能积累治校经验，又能避免固定思维模式及"裙带"关系所带来的弊端。

（2）韩国推行基础教育公平的措施

韩国是推进教育公平的典范，其主要做法为：一是义务教育必须由政府投入，以保障教育机会的均等，即国家财政主要用来保证义务教育的普及，而义务教育以后的教育投入则以私人为主。二是政府优先投入经济落后地区，即免费义务教育首先从农村开始，优先扶助弱势群体，然后再从农村逐步向城市扩展。三是政府实施"教育平准化"政策，大力改善基础设施较差学校的办学条件，实行教师每工作四年流动一次，使各个学校的师资水平达到均衡，以保证中小学教育质量在达到标准、均衡的基础上实现统一和公平。四是中小学校长一般四五年轮换一次，校长在学校任职期间，始终按照他的办学主张开展教育教学工作。五是适龄儿童在各学区内由计算机随机确定就读学校。

（3）美国促进基础教育公平的经验

第一，美国政府运用了许多政策工具促进基础教育的公平，这些政策工具包括宣传、资助、命令和直接提供服务。宣传主要有信息发布、技术帮助和示范三种形式。通过宣传，一方面让政策对象知道一些信息，另一方面也从规划、预算、人员服务和管理上帮助学校增强能力建设。同时还通过实践中的操作或过程演示，以提高接受和应用的可能性。资助是政府向个人或机构提供经济援助，主要包括四种策略：向个体消费者提供现金或证券、向机构的专项拨款、对特殊群体的纳税人进行税收减免和贷款。命令是政府依靠其统治权威发布的规范个人或机构行动的规则，主要包括法令、行政管理规则、政策条例、学校规则等。直接提供服务是政府为了保证平等的教育机会所直接提供的教育服务，主要有两个特点：一是政府为这种服务提供充足的经费；二是给政府官员充分的权力和责任以把这些服务传达给公众。根据美国教育政策中心的分析，政府运用多种政策工具干预基础教育取得了积极的效果。

第二，美国政府在 1981 年以立法的形式实施的"开端计划"，为处境不利的儿童提供补偿教育，较好地促进了社会的教育公平。"开端计划"的目标是对处境不利的儿童进行必要的教育补偿，缩小他们与其他儿童之间教育机会的差距，使他们能够克服障碍，承担生活中的责任。在实施"开端计划"的过程中，不向家长收取任何费用，由政府持续投入大量资金，积极与家庭和社区合作，提供适合儿童年龄和发展水平的综合性服务，使天资各异和来自不同家庭的儿童的潜能得到充分发挥，从而保证了儿童未来发展的公平。

第三，大力普及农村教育，实现城乡教育机会均等。二战后，美国也面临着严重的城乡教育非均衡发展问题，农村学校规模小、交通和基础设施落后、经费利用效率低、办学成本高、农村教师待遇差。为了推进城乡教育的和谐发展，美国主要采取了以下一些措施：一是在农村开展了学区重组和小学校合并，改善办学条件，提高标准化和专业水准。二是在农村学校采取为家长发放边远地区教育补贴、学生寄宿补贴和家长陪读补贴等补偿性政策。三是保障教师的工作和生活环境，以吸引优秀教师到农村教学。四是通过现代信息技术，使学生可以在乡村学校获得外界的各种教育信息和学习资源，以增强学生的竞争力。五是让专业机构参与农村小学校的发展与改革，加强农村小学校的教师培训，提高农村小学校教师的专业水平。这些措施有效地推动了美国农村教育的普及，促进了城乡教育的机会均等。

4. 城乡二元结构下教育公平政策性革新路径探索

（1）探索农村教育综合改革发展的新方向

关于农村教育体系，目前存在两个问题：一是农村教育如何才能促进和适应市场经济发展的需要，二是农村教育如何进一步优化结构以提高教育的整体功能。

要使农村教育促进和适应市场经济发展的需要，可以从以下三个方面着手：首先，建立与市场经济相适应的管理机制和办学方法。在管理机制上，建立政府宏观调控与学校自主办学相结合的运行机制。在办学方法上，推广"村校共管"的办学体制，把"双向参与"的办学思想落实到基层。除在县、乡两级建立农科教结合的管理体制和运行机制外，还要在村一级大力推广"村校共管"的办学体制。其次，要构建适应农村现代化建设要求的农村各级各类教育的培养目标体系。要通过调查研究，对农村各级各类教育应承担的任务做出具体规定，以此作为今后调整教育布局、优化教育结构、进行教学改革、编写新教材的依据。最后，要继续探索能让教育和经济协调发展的办学新领域。

如何进一步优化农村教育结构，是近几年农村教育综合改革的难点问题。教育结构的合理性首先应体现在农村地区教育结构的优化上，即整个农村教育系统是否与当地农村社会经济发展相适应。其次应表现在农村各级各类教育结构优化，即包括基教、成教、职教在内的三大块教育要形成相互沟通、相互衔接、紧密结合的有机整体。目前，关于优化农村教育结构的几个关键问题，在学界尚有争议。农村究竟应不应建立相对独立的教育体系，这种体系与城市教育体系有何差别，这个问题尚需进行深入探讨。有的学者认为，在义务教育阶段，不应该以职业教育去削弱国民基础素质。另有学者认为，农村教育应该完全和职教联合从而得以综合发展。对此，笔者的看法是，农村可以适当建立相对独立的融合普教与职教的教育体系，但教育部门要完整承担农村学生从小学到初高中的基础教育任务，要保障解决劳动者的基本素质。至于农村教育中普教与职教要不要实行早期分流，如何分流，应结合当地实际情况具体问题具体分析，不能一概而论。

（2）建立教育资源配置的平衡机制

教育政策的制定要通过教育决策的集体选择，最大限度地整合、平衡各种不同的利益要求，内在地根植一种有效的利益平衡机制，保证绝大多数人的需要和利益在教育政策中得到充分的反映，从而实现大多数人的教育公平。具体来说，要从以下几方面着手：

首先，要正确认识政策制定中利益集团的博弈，设计决策活动中多方博弈的共赢机制。制定教育政策时，除了要具备正确的政策理念和可靠的事实信息之外，还必须采取科学的理性的政策研究方法。要把它置于整个教育大系统内来考察，采取适度模糊的留有余地的弹性决策，在多元主体（教育系统属于多方博弈）之间寻找到其利益的最佳平衡点，尽量规避利益相互倾轧和抵消的情况。要准备多种可供选择的预警方案，在开放性原则指导下制定富有弹性的柔性原则，尽可能减少由于刚性决策失误带来的纠错成本与代价。同时，还要积极创造条件，开辟政府、学校与市场之间的信息通道，提高决策的效度和信度。

其次，要全面考察不同受教育群体的利益诉求，不断推进教育政策活动的民主化，特别是决策程序的民主化，以保证绝大多数社会成员的需要和利益在教育政策中得到全面反映。要在分配教育资源时遵循平等的原则、对等的原则和补差的原则，提高资源的利用率。

最后，要选择和设定教育利益分配与平衡的维度，并对这些维度适时进行调整。由于分配总是在综合平衡各种利益矛盾后完成的，是对各种利益平衡维度的确定和选择的结果。因此，在制定教育政策时，必须考虑到相应的教育利益平衡的维度。既要避免为追求教育利益平衡而走入极端平均主义的歧途，又应对现有的不平衡的教育利益现状做出有力和有效的调节。

（3）实现教育政策制定的程序化和民主化，将公平纳入教育政策评估指标

我国现在还没有统一的行政立法程序法，主要法律依据是国务院制定的《行政法规制定程序条例》以及现行的行政立法实践，其主要环节是：编制立法规划→起草法规或规章→征求意见→协调与衔接→审查→审议通过→签署和审批→发布和备案。行政机关在制定教育政策时，也应参照这一程序。只有实行教育政策制定的程序化，按规定的程序和规则进行，才能限制个人的恣意和专断，杜绝各种教育政策制定上的违规行为。只有实行教育政策制定的民主化，建立普通公众、民间中介机构和政策研究组织参与决策、监督决策的制度，实行教育决策听证制度，最大化地关注、采纳利益相关者的利益诉求，才能保证广大人民能够参与教育的公共管理，对公共教育权力的行使进行监督。

值得注意的是，以往的教育政策评估较多重视的是政策效率、政策效能、政策绩效、政策回应的充分性及政策执行力等事实判断，而缺少教育公平这个价值标准。只有将公平纳入教育政策评估指标，才能真正从政策上保证教育公平的实现。

（4）努力推行多元化办学和多元化教育

知识经济、信息化、多元化、全球化是 1990 年代以来人类新纪元的象征，努力推行多元化办学和推行多元化教育，是实现城乡基础教育公平的全新有效途径。

多元化办学，包括创新高等职业教育，提倡民办教育等教育新举措。高职教育以社会需求为目标、以就业为导向的办学定位弥补了专业性实践技术的短缺需求，在我国有很大的发展空间。创新高职教育，应从以下几个方面着手：首先，要通过宣传等手段减少社会对高职的认识偏差。其次，要努力打造订单式培养方式。根据用人单位需要进行教学改革和培养学生，推行毕业设计、岗位培训和就业安置相结合。再者，要从专业设置

137

入手，力求实现"产销"连接。要在广泛调研的基础上，瞄准产业结构调整的方向，形成行业、企业、学校参加的专业指导委员会，对人才需求预测、产业发展前景分析、人才培养目标、专业开办条件进行评议、论证、审核。要从双证培养入手，整合资源，打通产学合作的途径。民办教育更大程度地发挥了市场在资源配置中的基础性作用，在一定程度上缓解了教育供求的矛盾。要加强对民办教育的规范与管理，实现其社会创新活力、资金资源与现有优质教育资源的有机结合。要把民办教育纳入国民教育以及国民经济和社会发展规划，在相关政策上对其予以扶持。

针对农村初高中学校由于注重升学缺乏职业教育而使得学生缺乏适应农村生产基本技能的问题，各地出现多种形式的教育培养模式改革，成为主流升学教育的有益补充，此举值得大力提倡，主要包括中学阶段全程开设农业技术课程模式，即在中学教育同时对学生进行农业科技培训，使农业教育成为学生的必修课；就业前农业技术培训模式，指组织那些无法升学的学生学习一段时间农业技术课程；普通文化教育和农业技术教育分流模式，指在中学毕业前一年左右时间根据学生志愿把他们分为"升学预备班"和"就业预备班"，分别施以不同的教育；在原有课程方案的基础上开设农村实用技术选修课，分班(组)教学，学生可结合地方主导产业和家庭主要经济项目，自愿选修实用技术课，按所选选修课分班教学；"绿色证书"模式，"绿色证书"是我国农业部门为提高农民技术素质实行的职业技术资格证书，全称"农民技术资格证书"，证书持有者在生产经营过程中可享受国家规定的各种政策优惠，学校可为考证的学生开设"绿色证书"配套课程。此举虽然不能在短时间内产生显著的成果，但各地可以针对当地情况去选择农村基础教育的主要模式和几种次要模式，这样更容易使农村基础教育收到实效。

(5)通过补偿措施保障弱势群体的教育机会

教育补偿是指国家或社会为保障处境不利儿童接受完整的九年义务教育而采取的各种补偿措施或行动的总称。教育弱势群体是世界范围内难以规避的客观存在，对此政府要积极援助补偿，避免处境不利的教育群体因自身能力不足而无法摆脱弱势的恶性循环。

结合我国实际国情，弱势补偿教育政策要注意以下几点：首先，要明确弱势补偿的范围和对象。政府要做到同时兼顾三个方面：对弱势地区的教育补偿、对弱势教育和学校的补偿、对弱势教育人群的补偿。其次，弱势补偿的途径与方式要多元化，以调动弱势教育群体积极性为目的。要结合具体实际情况，在注重经济补偿的同时，注重智力开发、科技扶持、技术输入、观念提升。弱势补偿的根本目的是使弱势地区和弱势群体尽快形成自我积累、自我吸收、自我发展的能力，因此，此举关键在于文化和观念的扶贫，要使弱势群体摆脱贫困文化和心理的束缚，增强他们与主流社会和文化接触的机会，增强其被主流社会接纳的技能。要从简单的、分散的、临时救火式的救助性补偿向注重整体性经济、社会效益的开发性补偿调整，最终形成弱势补偿的"造血机制"。

四、城乡教育公平：城乡文化融合路径

我国城市和乡村一直以两种不同的文化模式发展。在近代化过程中，城市因较早接触商品经济和西方社会而形成了崇尚理性、重视革新和开放的文化氛围，而乡村则因始终以家族为基本经济和文化单位，围绕土地形成了以传统伦理为中心的价值观和思维方式。作为中国文化的不同侧面，此二者本无好坏高低之分，但由于我国城乡二元结构带来的意识形态偏差，城市市民形成了相对农村居民高高在上的心态，这种文化差别逐渐转变为城市文化与农村文化的等级对立。社会转型更使得城乡文化差别造成的社会事件层出不穷，影响社会稳定。加强城乡文化融合，建立中国现代文化观，是实现城乡教育一体化的有效途径，也是城乡教育一体化应该达到的目标。

中国现代文化观应该是城市文化和农村文化共同认可和遵守的基本秩序和守则，它应该是在多元文化基础上对文化差异保持足够的宽容和尊重，在珍视自己文化模式时不排斥其他群体的文化模式。正如费孝通所说的"理解所接触到的多元文化，才有条件在这个已经形成的多元文化的世界确立自己的位置，经过自主的适应，和其他文化一起，取长补短，共同建立一个有共同认可的基本秩序和一套各种文化能和平共处，各抒所长，联手发展的共处守则"。①　基于此，城乡教育一体化的具体实施应在教育目标的设立和教育内容的选择上考虑到城市和农村各自的文化特质和异同，从而使得城乡文化在教育一体化的体系内消除隔阂及和谐共处。更重要的是以文化多样性和文化自觉作为教育的目标、内容和方式，提升受教育者对异于自己环境的文化适应性、对文化的敏感性及对文化的改造能力。城乡教育一体化的最终目标是要培养现代中国文化精神的承载者和创新者，他们不仅能理解、尊重和宽容文化的差异，更能以对不同文化的认知培养文化自觉，在此基础上积极创新，不断传承和发展文化。

具体来说，可以从以下几方面着手：在教育的课程体系方面，改变价值取向上的宣扬城市文化优越的教育宣传及教育内容和考试标准的城市偏向，为来自不同文化背景中的受教育者提供同样价值的教育内容。这些内容既要超越传统课程体系中城乡文化差别，又要与受教育者各自所处文化体系相结合。在教育目标和方式方面，改变过去单纯追求竞争式、占有式教育，通过宽容、民主和开放的对话式教育来培养学生的公共理性，最终使受教育者能同样关注本土文化和异文化的异同。在教学过程方面，通过加强教师的培训，提高教师尊重不同文化背景下学生的素养，使学校成为不同文化背景学生精神共同成长的空间。另外，还可以通过实行"文化信息资源共享工程"等措施，通过互联网、卫星传输、数字光盘等把各类文化资源传送到城乡各级信息共享中心和基层服务站，使城乡群众共享电子书刊、专题知识讲座和地方特色资料库等丰富的文化信息资源，查询和阅读到各类文化信息。

---

① 　费孝通. 论人类学与文化自觉[M]. 北京：华夏出版社，2004：188.

参 考 文 献

［1］共产党宣言［M］. 北京：中央编译出版社，1998.

［2］资本论：第 1 卷［M］. 北京：人民出版社，1995.

［3］资本论：第 1 卷［M］. 北京：人民出版社，1975.

［4］马克思恩格斯选集：第 1 卷［M］. 北京：人民出版社，1995.

［5］马克思恩格斯选集：第 3 卷［M］. 北京：人民出版社，1995.

［6］马克思恩格斯全集：第 2 卷［M］. 北京：人民出版社，1957.

［7］马克思恩格斯全集：第 3 卷［M］. 北京：人民出版社，1972.

［8］马克思恩格斯全集：第 5 卷［M］. 北京：人民出版社，1958.

［9］马克思恩格斯全集：第 7 卷［M］. 北京：人民出版社，1959.

［10］马克思恩格斯全集：第 19 卷［M］. 北京：人民出版社，1963.

［11］马克思恩格斯全集：第 23 卷［M］. 北京：人民出版社，1972.

［12］马克思恩格斯全集：第 26 卷［M］. 北京：人民出版社，1972.

［13］马克思恩格斯论教育［M］. 北京：人民教育出版社，1979.

［14］毛泽东选集：第 1 卷［M］. 北京：人民出版社，1991.

［15］毛泽东选集：第 3 卷［M］. 北京：人民出版社，1991.

［16］毛泽东选集：第 5 卷［M］. 北京：人民出版社，1977.

［17］毛泽东文集：第 1 卷［M］. 北京：人民出版社，1993.

［18］毛泽东文集：第 2 卷［M］. 北京：人民出版社，1993.

［19］毛泽东文集：第 6 卷［M］. 北京：人民出版社，1999.

［20］毛泽东文集：第 8 卷［M］. 北京：人民出版社，1999.

［21］特里尔. 毛泽东传［M］. 石家庄：河北人民出版社，1990.

［22］邓小平文选：第 3 卷［M］. 北京：人民出版社，1993.

［23］江泽民文选：第 3 卷［M］. 北京：人民出版社，2006.

［24］习近平. 决胜全面建成小康社会　夺取新时代中国特色社会主义伟大胜利［M］. 北京：人民出版社，2017.

［25］中国共产党第十八次全国代表大会文件汇编［M］. 北京：学习出版社，2012.

［26］中央档案馆. 中共中央文件选集［M］. 北京：中共中央党校出版社，1982.

［27］陈独秀. 陈独秀文章选编［M］. 北京：三联书店，1984.

［28］李大钊. 李大钊文集（上）［M］. 北京：人民出版社，1984.

［29］何东昌. 中华人民共和国重要教育文献（1949—1975）［M］. 海口：海南出版社，1998.

［30］中国教育年鉴编辑部. 中国教育年鉴（1949—1981）［M］. 北京：中国大百科全书出版社，1984.

［31］劳伦声. 教育法学［M］. 南京：江苏教育出版社，1993.

［32］王炳照，阎国华. 中国教育思想通史［M］. 长沙：湖南教育出版社，1994.

［33］黎永泰. 中西文化与毛泽东早期思想［M］. 成都：四川大学出版社，1989.

［34］滕纯. 中国教育魂——从毛泽东教育思想到邓小平教育理论（上）［M］. 南昌：江西教育出版社，1998.

［35］赵云旗. 中国分税制财政体制研究［M］. 北京：经济科学出版社，2005.

［36］陈锡文，韩俊. 农业转型发展与制度创新研究［M］. 北京：清华大学出版社，2018.

［37］钱扑. 冲突论及其教育目的功能观——对一种教育社会学理论流派的剖析［J］. 外国教育资料，1999（4）.

[38]翁文艳. 教育公平的多元分析[J]. 教育发展研究. 2001(3).

[39]谢作栩，王伟宜. 高等教育大众化视野下我国社会各阶层子女高等教育入学机会差异的研究[J]. 教育学报，2006(2).

[40]张锡恩. 论中央与地方关系的规范化、法制化[J]. 东岳论丛，1996（5）.

[41]汤敏. 中国农业补贴政策调整优化问题研究[J]. 农业经济问题，2017（12）.

[42]孔祥智，张效榕. 新一轮粮食价格改革：背景与方向[J]. 价格理论与实践，2017(1).

[43]孔祥智，高强. 改革开放以来我国农村集体经济的变迁与当前亟须解决的问题[J]. 理论探索，2017(1).

[44]中国每县赤字约一亿 县级财政等于吃饭财政[N/OL]. [2008-04-04]. http://www.stnn.cc/china/200804/t20080404_757665.html.

[45]崔晓农. 全省县级财政赤字实现"双下降"[N/OL]. [2011-04-08]. http://www.daynews.com.cn/sxjjrb/yiban/1146049.html.

[46]县级政府难扛义务教育大旗[N]. 中国经济时报，2003-01-09.

[47]马思援. 政府教育管理职能要适应新变化[N]. 中国教育报，2009-04-28.